PREFIRIERON MORIR

PHILIPPE VALODE

PREFIRIERON MORIR

La cobardía de los dirigentes nazis ante la derrota

Planeta

Obra editada en colaboración con Editorial Planeta – España

Título original: *Ils ont préferé en finir. Le suicide des chefs nazis*

Traducción: © Fabián Chueca Crespo, 2024
Diseño de portada: Planeta Arte & Diseño
Fotografía del autor (solapa): © Derechos reservados
Fotografías de la portada: © Universal History Archive / Universal Images Group / Getty Images (frontal); dpa Picture-Alliance / Alamy / ACI (contra)

Bajo el sello editorial PLANETA M.R.
Avenida Presidente Masarik núm. 111,
Piso 2, Polanco V Sección, Miguel Hidalgo
C.P. 11560, Ciudad de México
www.planetadelibros.com.mx

Primera edición impresa en España: junio de 2024
ISBN: 978-84-670-7380-5

Primera edición en formato epub en México: agosto de 2024
ISBN: 978-607-39-1785-8

Primera edición impresa en México: agosto de 2024
ISBN: 978-607-39-1577-9

Impreso en los talleres de Litográfica Ingramex, S.A. de C.V.
Centeno núm. 162-1, colonia Granjas Esmeralda, Ciudad de México
Impreso en México – *Printed in Mexico*

ÍNDICE

PRÓLOGO

El suicidio del Führer el 30 de abril de 1945 y la capitulación firmada en Reims el 7 de mayo arrastran a Alemania a una espiral incontrolada. Todos los responsables nazis tienen motivos para temer tanto las represalias de una depuración brutal, sobre todo por parte de los soviéticos, como los juicios con las debidas garantías procesales de sus vencedores occidentales.

Al menos doscientos jefes nazis se quitan la vida, sobre todo en los días que preceden o siguen a la muerte de Hitler. Sus motivaciones son diversas: escapar al castigo ante unos Aliados decididos a hacerles pagar sus crímenes, pero también rechazar el momento de la vergonzosa derrota, o no aceptar asistir a la destrucción del Estado nacionalsocialista. ¿Qué valor tiene la vida sin el Führer? ¿De qué sirve la vida en una Alemania vencida, destruida y ocupada? Y más teniendo en cuenta que muchos nazis no aceptan reconocer sus desmanes. Lo único que han hecho es ser fieles a sus juramentos, y buscan en la muerte inmediata o en la huida al extranjero una solución definitiva: ¡abandonar este bajo mundo o vivir en otra parte!

Sin embargo, entre los cuatro colaboradores más cercanos de Hitler entre 1944-1945, Joseph Goebbels es el único que decide seguir a su mentor en la muerte, al día siguiente. Y con su mujer (Magda) y sus hijos (seis en total, todos menores). Esta monstruosa devoción demuestra el compromiso personal del ministro de Propaganda con el régimen nacionalsocialista, el Partido y su líder. Pero ni a Göring, ni a Himmler, ni siquiera a Bormann, el que fuera secretario del Führer y después su hombre de confianza y jefe del partido nazi, el Partido Nacionalsocialista Obrero Alemán (Nationalsozialistische Deutsche Arbeiterpartei, NSDAP), se les pasa por la cabeza.

HIMMLER Y GÖRING, POCO SOLIDARIOS

No deja de ser paradójico constatar que los dos hombres que están más cerca de Hitler, pero también los más poderosos del Reich, el *Reichsführer* o *Reichsmarschall* Göring y el *Reichsführer*-SS Himmler, no tienen el menor interés en sacrificarse en marzo-abril de 1945, cuando todo parece perdido. El suicidio de Hitler no los convence en absoluto de su propia perdición. El primero espera poder negociar con Estados Unidos y ser el ministro de Asuntos Exteriores de la futura Alemania, y el segundo se considera el mejor situado para asegurar la transición y juega su carta personal esforzándose en tratar con los Aliados a través de Suecia (incluso se entrevista con el Congreso Judío Mundial). El primero, Göring, acaba suicidándose, en las condiciones rocambolescas que detallaremos, tras ser condenado a muerte en el proceso de Núremberg, poco antes de la hora fijada para su ahorcamiento. En cuanto a la muerte del segundo, Himmler, está rodeada de cierto misterio que hace dudar entre dos tesis: la de la muerte voluntaria y la de la ejecución por los británicos, sin duda la menos probable pero no por ello totalmente descartada.

Hess y Rommel no tuvieron elección

Rudolf Hess, el sucesor designado del Führer, el líder del NSDAP, sin duda lo sacrificó todo para intentar una última negociación con Gran Bretaña en abril de 1941 y evitar el doble frente. Probablemente por devoción, acaso para recuperar la influencia perdida ante Hitler, posiblemente a consecuencia de cierto desorden mental. Es probable que nunca lo sepamos a ciencia cierta. Un vuelo en solitario demasiado arriesgado, que termina en un aterrizaje forzado en Escocia y un encarcelamiento hasta el juicio de Núremberg, cinco años más tarde. Condenado a cadena perpetua, Hess morirá después de pasar cuarenta y seis años entre rejas en la fortaleza de Spandau, en Berlín... a menos que fuera asesinado cuando su estado de salud ya se había deteriorado claramente.

En cuanto al mariscal preferido del Führer, el número dos de la defensa de todo el flanco occidental en junio de 1944, pero también el jefe militar más popular de toda la Wehrmacht, se verá forzado al suicidio. Sospechoso de estar implicado en la conspiración de julio de 1944 contra Hitler, y para evitar su propia ejecución y la masacre de su familia, Rommel tiene que quitarse la vida en octubre de 1944 por orden del régimen. Su suicidio se disfraza de fallecimiento por trombosis y se organizan funerales de Estado, para aparentar y evitar una reacción del Ejército.

Y Bormann intenta, en vano, salvar el pellejo...

La noche del 1 al 2 de mayo de 1945, cuando transmite al gran almirante (*Großadmiral*) Dönitz su designación por Hitler como su sucesor, Martin Bormann decide probar suerte. Con Artur Axmann, el jefe de las Juventudes Hitlerianas (*Hitlerjugend*), el doctor Ludwig Stumpfegger, médico personal del Führer que realizó experimentos con seres humanos, y en compañía del chofer Kempka, intentan escapar del cerco ruso. Salen juntos del búnker en plena noche. Kempka afirmará que a Bormann lo mató un proyectil soviético. Pero el testimonio de Axmann, que también sobrevivió, parece más creíble. Declarará que vio el cuerpo de Bormann rígido, sin duda por haber ingerido cianuro, sin ninguna herida aparente. Casi treinta años después del final de la guerra, el 7 de diciembre de 1972, cuando una máquina excava una zanja en Berlín para instalar una canalización de agua, se exhuman dos cadáveres. Al parecer, los de Bormann y Stumpfegger: la mandíbula de uno de ellos presenta un inmenso puente en tres partes que el protésico Fritz Echtmann reconocerá haber fabricado para Bormann en 1942. Es más, se encuentran partículas de vidrio entre los dientes de ese mismo cadáver, lo cual permite pensar que Bormann se suicidó ingiriendo una cápsula de cianuro. El examen pericial de la dentadura, efectuado por Reidar Sognnaes, y el posterior análisis del ADN, realizado por el doctor Eisenmenger, confirmarán de manera concluyente que se trata sin lugar a dudas del cadáver de la eminencia gris de Hitler. Lo único que sigue sin conocerse son las circunstancias del fallecimiento: ¿se quitaron la vida los dos hombres voluntariamente en la estación central (donde al parecer fueron vistos), o bien fueron sorprendidos por los soviéticos y se vieron obligados a suicidarse para evitar la captura?

... PERO MÁS DE DOSCIENTOS ALTOS CARGOS NAZIS SE SUICIDAN

Al quitarse la vida junto a la que acaba de convertirse en su mujer, Eva Braun, hacia las 15:20-15:25 del 30 de abril de 1945, Adolf Hitler comienza una inmensa reacción en cadena que se extiende a toda la élite del Estado nazi.

Varios ministros y secretarios de Estado deciden seguir el ejemplo del Führer, en algunos casos varios años después: Paul Giesler (Interior), Herbert Backe (Alimentación y Agricultura), Leonardo Conti (Sanidad), Otto Georg Thierack (Justicia), Bernhard Rust (Ciencia y Educación). Citemos también nombres menos prestigiosos, como los de Curt Rothenberger (subsecretario de Justicia), Josef Bürckel (diputado y *Gauleiter*, que al parecer se suicidó en 1944) y Carl Westphal (importante consejero en el Ministerio de Justicia).

De los 554 generales de la Wehrmacht, cincuenta y tres se dispararon con su pistola en la cabeza, es decir uno de cada diez. Entre los más conocidos, además de los dos generales que permanecieron fieles a Hitler en el corazón del búnker, Wilhelm Burgdorf y Hans Krebs, mencionemos a Walter Model, Eberhard Kinzel (con su amante, Erika von Aschoff), Arthur Kobus, Johannes Blaskowitz (durante su juicio, en 1948). El cómputo tiene en cuenta los suicidios de los generales de las SS, entre ellos Heinz Roch, Karl-Gustav Sauberzweig, Walter Schimana, Friedrich-Wilhelm Krüger o Wilhelm Rediess. También hacen lo propio catorce generales de la Luftwaffe (Fuerza Aérea) de noventa y ocho, entre ellos su último gran jefe, Robert von Greim, mientras que Ernst Udet, número tres de la Luftwaffe, se había ido al infierno en 1941. Y hasta en la Marina hay casos: once almirantes de cincuenta y tres deciden dejar este mundo. Uno de ellos es el negociador de los acuerdos de capitulación con Montgomery, el almirante Hans-Georg von Friedeburg, que con este gesto rechaza su arresto el 23 de mayo de 1945.

Los líderes de las grandes administraciones no se quedan atrás: citemos a Robert Ley (Frente Alemán del Trabajo, DAF), Philipp Bouhler (programas de eutanasia Aktion), Theodor Dannecker (Gestapo parisiense), Erwin Bumke (Tribunal Supremo), Hans Kammler y Richard Glücks (Oficina Central de las SS para la Economía y la Administración, WVHA), Wilhelm Crohne (Justicia).

Y a los hombres que sostienen las estructuras territoriales les cuesta soportar el hundimiento del Reich; por ejemplo, a los *Gauleiters* (jefes de una circunscripción territorial) y los gobernadores. De cuarenta y cuatro *Gauleiters*, ocho dejan este mundo, así como varios gobernadores: Josef Bürckel (Sarre, Austria, Reichsgau, ya citado), Konrad Henlein (Sudetes), Fritz Bracht (Alta Silesia), Otto-Heinrich Drechsler (Letonia), Hugo Jury (Baja Austria), Wilhelm Murr (Wurtemberg-Hohenzollern), Josef Terboven (Noruega), Gustav Simon (Luxemburgo), Otto Hellmuth (Baja Franconia, que se suicidó más tarde, en 1968, el 24 de mayo, aniversario del nacimiento de Hitler).

Son perfectamente comprensibles los temores de los jefes de los criminales *Einsatzgruppen* (Grupos de Intervención) que ejecutaron la *Shoah* a tiros. Varios desaparecen con un simple disparo de revólver, la mayoría después de ser arrestados, justo antes de su juicio: Rudolf Batz (1961), Joachim Hamann (1945), Karl Jäger (1959), Friedrich Panzinger (1959), Emil Haussmann (1947). A estos hombres sin dios ni ley se puede sumar Hans Kammler, ingeniero de las SS responsable del programa V2, desaparecido en 1945 en circunstancias aún controvertidas, sin duda por su propia mano.

Hasta aquí los grandes responsables nazis que decidieron no sobrevivir al hundimiento de su sueño y, en cierto modo, no compartir la suerte de sus conciudadanos sobrevivientes.

A DECIR VERDAD, LA LISTA DE SUICIDAS ES MUCHO MÁS LARGA

Pero otras autoridades nazis, en el mundo médico, en los campos de concentración y de exterminio, al frente de los municipios alemanes, en las empresas industriales que trabajaban en la fabricación de armamento, piensan que llegó el tiempo del castigo. Y, para evitar la humillación, optan por una desaparición definitiva.

Observamos que muchos de los profesores y los doctores que realizaron experimentos médicos con seres humanos no desean sobrevivir, así como los responsables de los programas

Aktion de eutanasia. La vergüenza de someterse a procesos públicos sería sin duda una deshonra para su propio nombre, pero también para toda su familia. La lista que sigue es larga pero incompleta: August Hirt, Richard Glücks, Enno Lolling, Ernst-Robert Grawitz, Herbert Linden, Carlo Schneider, Heinz Thilo, Max Thomas, Eduard Wirths, Walter Gross, Werner Heyde, Erwin Ding-Schuler, Kurt Gerstein, Eugen Gildemeister, Karl Gebhardt. Los comandantes de los campos de concentración y de exterminio saben que son los más amenazados. Varios prefieren desaparecer para siempre por su propia voluntad, como Max Kögel, Arthur Rödl, Karl Steubl, Kurt Bolender o Gustav Wagner. Sin olvidar a Ilse Koch, esposa del primer comandante de Buchenwald, que acabará quitándose la vida.

Los constructores de los campos tampoco tienen la conciencia tranquila: el más conocido de ellos, Odilo Globocnik, elige morir.

Todos estos suicidios de los dirigentes no pasan desapercibidos. Se utiliza el cianuro, la pistola Luger, con menos frecuencia la soga. El fin de partida puede tener incluso una puesta en escena familiar, como en los casos de Paul Giesler, Wilhelm Murr y Wilhelm Crohne, que abandonan este mundo con su esposa. También vemos, al contrario, el suicidio solidario de la señora Lammers y de la hija de ambos, Ilse, tras el arresto de su esposo, Hans, secretario de Estado en la cancillería.

En todas partes, hombres que ejercieron responsabilidades se niegan a sobrevivir a la desaparición del Reich, sin estar necesariamente amenazados por eventuales acciones judiciales. Podemos citar a los comandantes de submarinos que no quieren entregar su sumergible al enemigo a pesar de las órdenes inequívocas del almirante Dönitz. Pero también al exalcalde de Leipzig, Walter Dönicke, que cayó en lo espectacular al dispararse una bala al lado del retrato de Hitler (que, sin embargo, lo había maltratado). El burgomaestre adjunto de Leipzig, el doctor Kurt Lisso, lo hace mejor si cabe: se suicida en su despacho, en compañía de su esposa y su hija. El tesorero de la capital de Sajonia sigue su ejemplo, y numerosos responsables de las SS situados en rangos intermedios, que conocen el peso de sus crímenes, deciden morir. Entre los suicidas también hay un gran número de guardianas y guardianes de los campos que temen legítimamente por su pellejo.

En suma, se trata de una muestra muy variada de esa población alemana —en la que 8.5 millones de personas eran miembros del partido único, el NSDAP, y 17 millones lo eran del Frente Alemán del Trabajo— que no soporta el final catastrófico del Reich, que no acepta las leyes de los vencedores y menos aún su justicia.

Por tanto, el cómputo de doscientos dirigentes nazis importantes suicidados no tiene demasiado sentido. En total, fueron miles de responsables nazis de toda condición los que se impusieron una muerte inmediata. Algunos autores hablan de varias decenas de miles, y llegan hasta la cifra de 50 000, en la que se incluyen, al parecer, los suicidios femeninos, de los que nos ocuparemos. Se cuentan los jóvenes, sin duda alistados en las *Hitlerjugend*, hijos de caciques del régimen, decididos a suicidarse. El escalofriante testimonio del hijo de Bormann, Martin Bormann Jr., futuro sacerdote, así lo atestigua. ¡Hasta qué extremo de fanatismo llegará la voluntad suicida en esa Alemania en peligro de naufragio! Bormann Jr. se encuentra en Berchtesgaden, con los hijos de los colaboradores más cercanos de su padre, cuando la radio alemana anuncia la muerte de Hitler en esas primeras horas del 1 de mayo de 1945. Acaba de festejar su quince cumpleaños. Sus compañeros salen de la habitación en la que se encuentran, para suicidarse. Solo dos chicos deciden seguir con vida, él es uno de ellos. «Mi universo se había roto en mil pedazos, no podía atisbar ningún futuro», reconoció. Por lo demás, le había pasado por la cabeza quitarse la vida antes de rechazar esa tentación.

Las mujeres alemanas, primeras víctimas de la caída del Reich: la violación como arma de guerra

Las violaciones masivas cometidas por todas las tropas aliadas —y no solo por los soviéticos, aunque estos responden de entre el 85% y el 90% de los casos— se extendieron por toda Alemania, incluidos los territorios conquistados y ocupados por americanos, ingleses y franceses. Los actos violentos de los rusos se concentraron sobre todo en los territorios del este (los Países Bálticos, Pomerania, Prusia Oriental, Silesia, Mecklemburgo), a partir de la gran ofensiva de mediados de 1944, y no cesaron de amplificarse en los últimos meses de supervivencia del Reich, en 1945. Los historiadores alemanes calculan, sin duda con un gran margen de error, que dos millones de mujeres alemanas de todas las edades fueron violadas entre marzo-abril y septiembre de 1945 en los territorios del Reich. Si restamos 150000 berlinesas (violentamente ultrajadas por la tropa rusa) y entre 260000 y 270000 alemanas violadas en el oeste por las tropas de los tres Aliados occidentales (190000 por los americanos, 40000 por los ingleses, 30000 por los franceses), tendremos una aproximación realista de la tragedia que vivieron las mujeres alemanas ante los soviéticos. Fueron, por tanto —la evaluación tiene el mérito de existir—, aproximadamente 1.6 millones las que sufrieron los últimos ultrajes y a veces la muerte. Se entenderá que la voluntad de las familias de escapar de este drama explica, por otra parte, los numerosos suicidios colectivos. Es fácilmente comprensible cuando se leen los testimonios soviéticos, que en su totalidad subrayan la práctica tan extendida de las violaciones colectivas. Una práctica que, además, la jerarquía militar soviética, demasiado endeble (grave insuficiencia de suboficiales), no puede obstaculizar. Para escapar a una suerte tan funesta, las mujeres y sus hijos, sobre todo cuando hay niñas, prefieren la muerte a la deshonra.

Esos dos millones de mujeres alemanas violadas, que pertenecen al «pueblo de los culpables», son tratadas con dureza por la Historia. Después se intenta ignorarlas, incluso en Alemania.

Los abortos son legión en los meses que siguen a la capitulación. Máxime teniendo en cuenta que los niños que nacen en los territorios del oeste de Alemania son casi siempre negros o de tez oscura, pues los autores del 95% de las violaciones son los GI's negros y las tropas coloniales francesas y británicas, como lo demuestran las obras que sobre este tema escribieron J. Robert Lilly, *Taken by Force: Rape and American GIs in Europe in World War II* (Tomadas por la fuerza: la violación y los soldados americanos en Europa en la Segunda Guerra Mundial); Miriam Gebhardt, *Als die Soldaden kamen* (Cuando llegaron los soldados); Perry Biddiscombe, «Dangerous Liaisons: The Anti-Fraternization Movement in the US Ocupation Zones of Germany and Austria, 1945-1948» (Amistades peligrosas: el movimiento contra la confraternización en las zonas de ocupación de Estados Unidos en Alemania y Austria, 1945-1949) o Norman Naimark, *The Russians in Germany* (Los rusos en Alemania) y Marta Hillers, *Ein Frau in Berlin* (Una mujer en Berlín).

Y hay que callar en cuanto los soldados alemanes prisioneros, liberados tanto en el oeste (al menos 1.2 millones están prisioneros en Francia) como en el este (de tres a cuatro 4 millones en la URSS) comienzan a regresar. Y más si cabe porque de cinco a seis millones de hombres desaparecieron para siempre y la población alemana se ha feminizado profundamente como consecuencia. En muchos casos, el silencio y la exclusión del vástago son la vía elegida por las mujeres para conservar a sus hombres cuando estos regresan. La sociedad alemana se niega entonces a mirar de frente la verdad y a reconocerse los terribles daños que sufrió su población femenina.

VEINTE MIL ALEMANAS Y SUS HIJOS SE SUICIDAN PARA ESCAPAR DE LOS SOVIÉTICOS

Hitler quiso acabar su andadura con arreglo a la tradición tan alemana de la destrucción total: Berlín arde como el Walhalla en *El ocaso de los dioses*. También es en Berlín donde los soviéticos quieren demostrar su furia. En esta batalla final a la que lanzan todas sus fuerzas militares contra un Reich agonizante, se comportan con una brutalidad inaudita e intentan humillar al adversario. ¡Tienen que vengar a entre veinte y veintidós millones de muertos! Nada más idóneo que la violación reiterada de las niñas, las mujeres, las ancianas para destruir el mito de la superioridad alemana. Ellas tienen que pagar: 100 000, quizá 200 000 son víctimas de violaciones incesantes en la antigua capital del Tercer Reich. Una cifra que hay que comparar con una población, a principios de mayo de 1945, de 2 560 000 personas, en la que el número de mujeres puede calcularse al menos en un millón, sin duda más. Una capital reducida a cenizas, en la que casi todos los edificios fueron derrumbados y en la que grandes carteles colocados deprisa y corriendo por los soviéticos después de su triunfo señalan todas las bombas que no han explotado, y en la que, por último, el suelo está horadado por un gran número de inmensos cráteres perforados por los bombardeos. El general De Lattre, que llega a Berlín el día 8 de mayo de 1945 para firmar la capitulación, atestigua en su obra *Histoire de la première armée française* (Historia del primer ejército francés) las filas de alemanes demacrados y aturdidos, de niños emaciados y ancianos encorvados, cargando con recipientes de todas clases para conseguir un poco de agua en las escasas fuentes públicas y bocas de incendios que aún están en condiciones de uso. El general inglés Hastings Lionel Ismay, futuro secretario general de la OTAN, constata en sus memorias que, en las mismas fechas, por todas partes, numerosos cuerpos yacen entre los escombros. Describe Berlín como un «montón de ruinas».

En una obra de título terrible, *Kind, versprich mir, dass du dich erschiesst. Der Untergang der kleinen Leute* (Niño, prométeme que te vas a disparar.), Florian Huber calculó el número de suicidios de mujeres en Berlín en 7 057, una estimación realizada a partir de estadísticas con fecha de 1949 y cuya precisión puede sorprender. En definitiva, Huber prefiere, un poco más tarde, una cifra del orden de 10 000 suicidios, que considera más cercana a la verdad. Ante la escasez de datos, resulta tentador relacionar la cifra de suicidios con el de mujeres violadas: entre el 5% y el 10 por ciento.

Algunas escenas permanecen también en la memoria, justo antes del asedio de la ciudad por los soviéticos, como la de la Filarmónica de Berlín interpretando el 12 de abril de 1945 su último concierto, que termina con el reparto de cápsulas de cianuro entre los espectadores.

MECKLEMBURGO Y POMERANIA OCCIDENTAL SIRVEN DE VÁLVULA DE ESCAPE A LOS RUSOS

Centrándonos en primer lugar en los territorios más alejados, abordaremos las tragedias de las mujeres alemanas en Prusia Oriental. No se dispone de ninguna estimación de las violaciones y los asesinatos que siguieron a la irrupción soviética en el marco de la ofensiva final de 1944-1945, pero con seguridad es elevada. El testimonio del oficial Leonid Rabichev, que cuenta los horrores a los que asistió en los pueblos de Heilsberg y Trautenau, donde las violaciones colectivas terminan en asesinatos colectivos, es conmovedor. Intenta intervenir, pero pone en peligro su vida. Existen otros relatos, como los del oficial Grigory Pomeranz. Es evidente que, a medida que avanzan hacia Berlín, los soviéticos son percibidos (con toda la razón) por la población civil alemana como una amenaza vital.

Entre las ciudades mártires, la de Demmin, en Pomerania Occidental, a doscientos kilómetros al este de Berlín, ha sido objeto de varios estudios. Por ello nos centraremos en presentar brevemente los elementos principales del terrible relato que la afecta. En esta ciudad de 20 000 habitantes, aproximadamente el 5% de la población se suicidó para escapar de los soviéticos, que la toman el 30 de abril de 1945. La Wehrmacht y las SS habían volado los tres puentes y se habían llevado a los ediles, por lo que la población se encontró abandonada y cercada. No pudo huir. Después de que, al parecer, el farmacéutico hubiera envenenado a oficiales soviéticos, la soldadesca se extiende por todas partes, violando a las mujeres, matando, incendiando. Hasta el 5 de mayo de 1945, entre novecientas y un millar de alemanas y sus hijos se suicidaron, en las casas y los departamentos, en los sótanos o lanzándose al río.

Es a este terrible recorrido sangriento por los suicidios de familias alemanas (sin los padres, movilizados en el frente o muertos durante la guerra) en las ciudades y los pueblos, básicamente, de Mecklemburgo y de Pomerania Occidental —después de haber abordado el caso de Demmin especialmente señalado— adonde deseamos llevar al lector. El proceso que conduce a los habitantes a preferir la muerte con su prole es siempre el mismo: embriaguez de la tropa, violación de las mujeres, incendio del centro urbano, saqueos a gran escala. Evidentemente, las circunstancias son distintas según las ciudades; el descubrimiento de un campo de concentración puede provocar reacciones de cólera de la tropa rusa. Aunque disponemos de numerosos testimonios de violaciones por los soldados rasos rusos de prisioneras, sin embargo, terriblemente emaciadas, dentro de los campos de la muerte. Ingeborg Jacobs, en su obra *Freiwild* (Presa fácil) escribe que «los soviéticos violaron a las sobrevivientes de los campos de concentración, a polacas, húngaras, checas e incluso a mujeres soldados del Ejército Rojo». Sarah Helm lo confirma en su excepcional libro *If this is a Woman* (Si esto es una mujer), basándose en el ejemplo de la liberación del campo de Ravensbrück, el 29 y el 30 de abril de 1945.

Así pues, en total, parece razonable recordar que aproximadamente 1.6 millones de mujeres y niñas alemanas fueron violadas en Prusia Oriental, en Pomerania, en Silesia, en Mecklemburgo. A veces se ofrece una cifra de 10 000 mujeres que perdieron la vida como consecuencia de las violaciones reiteradas de los soldados rusos, sin que sea posible verificarla: parece muy prudente.

Pero volvamos a nuestro relato del martirio de las mujeres alemanas, abandonadas por sus maridos soldados, fallecidos, prisioneros o fugitivos. La pequeña ciudad de Neubrandenburg, que se había librado de los bombardeos a pesar de su actividad industrial y militar, está situada al lado de un *Stalag* (el de Fünfeichen). Los primeros refugiados del este llegan a principios de 1945. Los soviéticos la invaden el 28 de abril de 1945. Violaciones e incendios desencadenan una oleada de suicidios de cerca de trescientas personas, las madres matan a sus hijos antes de actuar contra ellas. Se utilizan armas de fuego y venenos. Ahogamientos en grupo en el lago Tollense completan este infierno.

En Burg Stargard, cerca del campo de Waldbau, cerca de Ravensbrück, la llegada de los rusos desencadena un centenar de suicidios.

En Neustrelitz, los rusos hacen su aparición la noche del 29 al 30 de abril de 1945. La ciudad ha sido dura con sus judíos, todos deportados, pero apenas tiene remordimientos. Una fábrica de municiones sigue funcionando, con los detenidos que llegaron de Ravensbrück. Los soviéticos comienzan destruyendo el gran palacio ducal, símbolo del poder alemán, antes de incendiar la ciudad. Las violaciones se multiplican, al igual que los suicidios en familia.

En Penzlin, ocupada el 30 de abril de 1945, los rusos saquean, violan, asesinan, incendian. El balance es elevado. Tessin, Vietzen, Rechlin, Müritz sufren la misma suerte. En Rechlin, importante centro de ensayo de la Luftwaffe, situada cerca del campo de concentración, la ocupación de la ciudad el 1 de mayo de 1945 se lleva a cabo sin resistencia. Pero la situación degenera en Müritz (las dos ciudades no están lejos). En Trestow, que se había librado de la destrucción, las violaciones y los suicidios son mucho más abundantes. Se cometieron entre trescientos y seiscientos suicidios.

En Güstrow, ocupada sin combate, según el doctor Ingo Sens, los rusos no incendian la ciudad sino que «visitan» un tercio de las casas y violan a las mujeres. Solo entonces estas reaccionan. El doctor Sens menciona la cifra de 332 suicidios de mujeres y niños. Se producen múltiples actos a la orilla del lago, las madres atan piedras al cuello de sus hijos. Los rusos continúan con sus represalias, y ejecutan a numerosos alemanes, unos cincuenta en el año 1945.

Rostock, gran ciudad alemana, bien conocida por su fábrica Heinkel, severamente bombardeada por los Aliados, es ocupada el 2 de mayo de 1945. Los soviéticos comienzan inmediatamente a saquear y a violar a las mujeres. La ciudad está llena de refugiadas y ni siquiera es necesario forzar los departamentos.

En Bad Doberan, primera ciudad alemana que concedió a Hitler su ciudadanía honoraria, y en Heiligendamm, su estación balnearia (la más antigua del país), los rusos entran la noche del 2 de mayo de 1945. Los robos en todas las casas comienzan inmediatamente y después las violaciones, acompañadas de saqueos de tiendas. Las mujeres y las niñas alemanas se embadurnan, con la esperanza de resultar menos atractivas. ¡Qué ilusión! Las más realistas se ocultan en sótanos y cuadras. Comienzan los suicidios, sin que sea posible determinar su número, pero es elevado.

En Malchin, el Ejército Rojo entra el 30 de abril de 1945. Joachim Schultz-Naumann, en una obra titulada *Mecklenburg 1945*, aporta precisiones inestimables. Esta pequeña ciudad de 7500 habitantes, tan cercana al campo de trabajos forzados de Malchin, es destruida en sus tres cuartas partes por un incendio, y los excesos son especialmente numerosos. Serán cerca de quinientos suicidios de gente de la tierra después de la entrada de los rusos, una cifra que de todos modos parece considerable.

En Feldberg, localidad famosa por sus lagos, donde está situado el campo de concentración y de exterminio de Ravensbrück, los soviéticos entran el 30 de abril de 1945. La pequeña ciudad es maltratada. También allí, las familias se suicidan para escapar a la venganza de los soldados.

También se ven afectadas varias ciudades que pasarán a ser polacas después de 1945, en el marco del desplazamiento de las fronteras decidido por los Aliados entre Alemania y Polonia. Stolp, Grünberg, Schivelbein, situadas más al este, fueron conquistadas antes por los soviéticos, a principios del año 1945.

Stolp (en la Pomerania prusiana), la actual Stupsk, es el cuartel general de la 1.ª Flieger-Division de la Luftwaffe. La ciudad es tomada por el Ejército Rojo el 8 de marzo 1945: incendian todo el centro. Se comportan con gran violencia y se calcula que hubo cerca del millar de suicidios entre la población, cifra que parece sobrevalorada. En Schönlanke, antigua ciudad prusiana, en la actualidad Trzcianka, en Polonia, donde la población alemana denunció a los judíos, los rusos se plantan el 27 de febrero de 1945. Destruyen la mitad de esta ciudad de 10 000 habitantes. Allí también, la población civil es maltratada y los suicidios son numerosos. Schivelbein, actualmente polaca (Świdwin), ciudad pomerana de 25 000 habitantes, vive una suerte terrible el 6 y el 7 de marzo de 1945. Un cuerpo de las SS se refugió allí ante el asedio en toda regla de dos cuerpos soviéticos y un cuerpo polaco. Después de dos días de combates y destrucción considerables, los rusos entran en la ciudad. Un atentado, ocurrido cuando ya terminaron los combates, agrava aún más la situación; un alemán perteneciente a las *Hitlerjugend* mata a un general ruso. No solo su familia es arrestada y por supuesto ejecutada, sino que la tropa emprende represalias ciegas: saqueos, violaciones, ejecuciones sumarias. Son muchos los alemanes que se suicidan para escapar de lo peor. Por último, en Grünberg, en la Silesia prusiana, la actual Zielona Góra polaca, los rusos entran el 14 de febrero de 1945. Se trata de una ciudad de cierta importancia. También allí los rusos se desatan y se producen hasta quinientos suicidios, de mujeres y niños principalmente.

Estamos lejos de haber hecho el recorrido por la totalidad de ciudades martirizadas por una tropa soviética motivada por los innumerables crímenes cometidos por los nazis en la URSS. Habría que añadir muchos nombres. Pero, en total, la cifra de entre 10 000 y 12 000 suicidios de civiles alemanes por miedo al saqueo, a los golpes, las violaciones, las ejecuciones sin motivo, principalmente en Mecklemburgo y Pomerania Occidental, pero también en Prusia Oriental, en Mazuria, en Silesia, parece inferior a la realidad.

DE LA VERGÜENZA DEL SUICIDIO NAZI AL HONOR DEL *SEPPUKU* Y DE LA MISIÓN KAMIKAZE

¿Es posible comparar la oleada de suicidios masculinos que invadió Alemania en la primavera de 1945 con la que recorrió la sociedad japonesa en los últimos trimestres de la guerra contra Estados Unidos? ¿Cómo reaccionaron dos Estados totalitarios, uno en Europa, el otro en Asia, ante la derrota militar?

Japón no esperó a la rendición sin condiciones, el 14 de agosto de 1945, después de los bombardeos nucleares de Hiroshima y Nagasaki, para emprender una política de suicidios colectivos (habría que hablar más bien de sacrificios colectivos). Mientras el ejército alemán se desmorona una vez franqueada la línea Siegfried, en marzo de 1945, no ocurre lo mismo con el ejército japonés. Los japoneses están decididos a resistir, en todas partes, sin límites. No dejaron de hacerlo en todos los territorios conquistados en el Pacífico desde el inicio de la ofensiva americana de agosto de 1942, apuntando primero a las islas Salomón (batalla de Guadalcanal). Los americanos lo comprueban, cada día, durante tres duros años de combates. La prueba es que capturan a pocos prisioneros nipones. ¡Un japonés no se rinde fácilmente! Por supuesto, la situación en el Pacífico es muy diferente de la que prevalece en el continente europeo. Los americanos nunca pondrán el pie en el «suelo sagrado» propiamente japonés, el de las cuatro grandes islas (Hokkaido, Honshu, Shikoku y Kyushu) antes de la capitulación aceptada por Hirohito. Hay todavía 1500 kilómetros entre Tokio y Okinawa, la última gran isla conquistada, en junio de 1945, por las tropas de Estados Unidos.

Sin embargo, a partir de principios del año 1944, cuando la guerra está perdida para él, el poder militar dictatorial japonés adopta una estrategia diversificada de resistencia a ultranza y hasta el final de la nación. Se trata en primer lugar del establecimiento por los militares de «Termópilas» sucesivas, en gran escala. Morir antes que rendirse, tanto civiles como militares, en esas tierras limitadas por el océano que son los archipiélagos de las Marshall, las Carolinas, las Marianas, Ogasawara (Iwo Jima), Okinawa finalmente. Sin duda conviene reconocer que estos suicidios colectivos se cometen por imposición militar. Esta obligación sacrificial es del mismo orden en Okinawa en junio de 1945 que lo había sido en las Marianas del Norte (Saipán) en julio de 1944, en las Carolinas en marzo de 1944 y en las Marshall en enero de 1944. En cada batalla, los oficiales japoneses sacan provecho del temor que inspiran los americanos a unas poblaciones atormentadas por la propaganda imperial y los rumores abominables sobre la muerte reservada a los desdichados que caigan en manos de los yanquis. Pero sin duda el horror alcanza el paroxismo en las islas Marianas y en Okinawa.

En la isla de Saipán (Marianas), algunos historiadores hablan de 22000 suicidios de civiles (otros, de una cifra inferior) que huyen del avance de Estados Unidos y se arrojan desde lo alto de los acantilados en el mes de julio de 1944. Dos acantilados permanecen en la memoria colectiva japonesa: fueron bautizados, respectivamente, como Suicide Cliff y Banzai Cliff. Para aclarar bien las cosas, hemos de ser conscientes de que, en Saipán, civiles (casi todos japoneses) y militares se lanzan juntos al vacío. En Okinawa, los combates entre japoneses y americanos son espantosos. El balance se establece en unos 260 000 muertos entre marzo y junio de 1945: 110 000 soldados japoneses, de 100 000 a 140 000 civiles autóctonos, 14 000 americanos. También allí, las poblaciones civiles practicarán el suicidio colectivo para escapar de los americanos triunfantes. En efecto, el ejército japonés induce a las poblaciones locales al sacrificio definitivo, y no precisamente porque antes las haya tratado bien (al contrario), sino infundiéndoles el temor al «blanco exterminador». Ante la perspectiva de la derrota japonesa, los habitantes de Okinawa, refugiados en las grutas, creyendo que así evitarán violaciones y matanzas, se quitan la vida con las granadas que deja la tropa nipona. ¡No se trata de civiles japoneses, sino de autóctonos, que se ven forzados a estos gestos desesperados por el ejército japonés! Nada muy glorioso para Japón, por tanto, ya que se puede hablar de terrorismo militar.

Más significativo es el lugar del kamikaze en el imaginario japonés. Por *kamikaze* entendemos «avión suicida» y, por extensión, empleamos este término para designar a una persona de una temeridad suicida. A partir de 1944, desprovistos de portaaviones y de flota aérea de guerra competitiva (a causa del desastre de Midway, en 1942), los japoneses llegan a introducir una estrategia ahorradora de sustitución: el empleo de kamikazes a los que se confían misiones suicidas. Nuestro objetivo no es evaluar su eficacia militar sino describir su importancia. Unos 14 000 hombres, todos japoneses, aceptan sacrificarse pilotando aviones, esencialmente verdaderas bombas volantes. También se intenta hacerlo en el mar con pequeñas embarcaciones, a modo de «torpedos humanos». Este fanatismo, alentado por las autoridades militares, se basa en principio en el carácter voluntario, a veces ampliamente inducido. ¿Existe una virtud superior a la de morir por la patria? Ninguna, piensa la población japonesa, que considera héroes a los kamikazes.

Finalmente, manifestación última de esta rebelión contra la derrota militar, reservada a la élite, derivada del pasado glorioso de los samuráis y respetuosa del código del *bushido*, está el *seppuku*. Un suicidio de código preciso y de sentido social esencial (se lleva a cabo ante la multitud, en público) que pretende evitar la vergüenza a quien lo practica. Este respeto paroxístico del honor forma parte de la tradición de los dirigentes civiles y, sobre todo, militares japoneses. Y merece un inmenso respeto de toda la población hacia quien lo practica. Así, el día de la rendición aceptada por el emperador, el 14 de agosto de 1945, el ministro de la Guerra, general Anami, se hace el *seppuku* al tiempo que pide perdón a Hirohito por poner en tela de juicio de ese modo su decisión de capitular. Considera imposible sobrevivir a la infamia de la derrota. El mayor Shiizaki, que intentó oponerse a la capitulación, hace lo propio al día siguiente, 15 de agosto de 1945, bajo las ventanas del palacio imperial.

Pero no todos los dirigentes japoneses tienen la misma grandeza de espíritu. El general Tojo, gran jefe del Japón imperial, primer ministro de 1941 a 1944, al negarse a ser arrestado por orden de MacArthur, el 21 de septiembre de 1945, no se comporta como el samurái que no es, sino como el criminal que es. Para escapar a su juicio, intenta quitarse la vida, pero disparándose... y falla. Será cuidado, juzgado, condenado a muerte y ejecutado.

En cuanto al príncipe Konoe, hombre de valor evidente, primer ministro de 1937 a 1939 y de 1940 a 1941, fue abandonado por el emperador por defender una vía pacífica y se ve forzado a ceder a las exigencias de los militares. Aunque no se le pueda reprochar en nada el ataque sorpresa de Pearl Harbor, prefiere suicidarse, con veneno, el 16 de diciembre de 1945, para evitar el deshonor de las diligencias judiciales americanas. Con su rechazo al suicidio tradicional tampoco se gana en este caso el respeto de la población japonesa.

Del mismo modo que se celebró en Núremberg el proceso fundamental de la veintena de grandes responsables del Tercer Reich (seguido de otros doce procesos, siempre en Núremberg, en los que se juzgó a otros ciento ochenta altos dirigentes), se reunirá en Tokio el Tribunal Militar Internacional para el Lejano Oriente. Se trata de hacer comparecer ante la justicia a los jerarcas japoneses, con la única excepción del emperador (por razones altamente políticas, ya que Hirohito fue un belicista). Se abre entonces en Japón, durante un largo periodo (de 1946 a 1948), un procedimiento judicial de gran resonancia, basado en los mismos principios del derecho que en Núremberg. Además de Estados Unidos, la URSS, Gran Bretaña y Francia, actores principales como en Núremberg, todos los países que habían luchado contra Japón tienen derecho a un fiscal o a un fiscal adjunto: China, Países Bajos, Australia, Nueva Zelanda, Canadá, Filipinas e India. El 6 de abril de 1948 se conoce el veredicto: siete condenas a muerte, que serán ejecutadas, y dieciocho penas de cárcel que van desde los siete años hasta la cadena perpetua. Pero el 24 de diciembre de 1948, la totalidad de los condenados a penas de prisión (salvo los que murieron en prisión) quedan en libertad por decisión de Estados Unidos. Una iniciativa análoga a la gran amnistía de los antiguos nazis en Alemania, más tardía, en 1951.

LOS HIJOS DE LOS DIRIGENTES NAZIS SE PREGUNTAN: ¿QUÉ HACER CON EL PECADO DE NUESTROS PADRES?

Desde hace unos veinte años, dos autores se han dedicado a intentar recoger el testimonio de los hijos de dirigentes nazis, no sobre su propia historia durante el periodo del Tercer Reich sino sobre sus relaciones con su padre. La antigua abogada Tania Crasnianski (*Hijos de nazis*) y el periodista alemán Norbert Lebert (*Tú llevas mi nombre*) publicaron sendas obras de las que extraemos ciertas declaraciones. Nuestra intención es intentar desentrañar el criptograma de sus entrevistas y dejar al descubierto su estado de ánimo después del desastre nazi. Observamos que los testimonios de los hijos de los jerarcas del nacionalsocialismo vuelven a transcribir todos los tipos de reacciones posibles, desde la culpabilidad hasta la defensa de la herencia hitleriana.

La obra de Lebert es dual: deberíamos decir más bien «de los» Lebert. El padre, Norbert, redactó una primera versión en 1959, y el hijo, Stephan, la completó con nuevas entrevistas a las mismas personas, ya adultas, hacia 1999-2000. Stephan Lebert escogió el mismo camino que Tania Crasnianski: no el de la vida de estas personas, de interés limitado, sino el de la relación con sus progenitores, antes de su muerte, o durante su detención, o después de su liberación.

Toda esta prole de los allegados del Führer nació bajo la égida de un padrino atento, Adolf Hitler. Lo cual no quiere decir que los niños vivieran en un universo aséptico. El recibimiento del joven Adolf Martin Bormann Jr. (nacido en 1930) y de su hermana por la familia Himmler les dejará, de por vida, un sabor amargo: durante la visita al gabinete de curiosidades del *Reichsführer*-SS, que entusiasma a los niños, se les presentan objetos supuestamente artísticos, fabricados con huesos humanos y piel humana.

En cuanto a la elección de los entrevistados por Norbert Lebert y Tania Crasnianski, coinciden en gran medida y afectan a los vástagos de Himmler, Göring, Hans Frank, Bormann, Hess. No son comunes a los dos autores las entrevistas con los hijos del jefe de las Juventudes Hitlerianas, Baldur von Schirach, de Rudolf Höss (el director del campo de Auschwitz) y de Albert Speer.

Procede hacer algunos comentarios antes de abordar el fondo del asunto. En primer lugar, ninguno de los líderes nazis que fueron los padres de estos niños se declaró nunca culpable ante los tribunales. Por otro lado, el deber filial domina la personalidad de varios de estos jóvenes al llegar a la edad adulta.

Así, algunos se mantienen en un culto embobado y poco reflexivo al padre, como Edda Göring, Gudrun Himmler, Brigitte Höss, incluso Wolf Rüdiger Hess (vio más de cien veces a su padre Rudolf en Spandau, después de que este levantase la prohibición de recibir visitas que se había impuesto durante veintinueve años). Albert Speer Jr., nacido en 1934, aceptó efectivamente ver a su padre en prisión, pero se labró su carrera de arquitecto en el extremo totalmente opuesto a las concepciones grandiosas de su progenitor. Después de que su padre revocara (él también) su prohibición de recibir visitas, intentó en vano establecer una relación íntima con él. Sin duda porque, en el fondo, Albert Speer no renegaba totalmente de su implicación nazi, aunque manifestó su pesar ante los jueces de Núremberg para obtener un fallo más clemente. En cuanto a Rolf Mengele, nacido en 1944, hijo único y abogado, su deseo de conocer a su padre lo empujará a efectuar, en 1977, un decepcionante viaje a Brasil, a la periferia de São Paulo. Detestará al hombre que descubra; aun peor: despreciará a aquel extraño en que ya se ha convertido para él.

La cuestión principal es saber si estos hijos de jefes nazis criminales se sienten culpables de las acciones de su padre. ¿Qué peso tiene el pasado en sus vidas? ¿Cómo pueden pasar por buenos padres de familia cariñosos los «asesinos del siglo»? Y, parafraseando a Primo Levi, ¿cómo pueden convertirse personas corrientes en los criminales más peligrosos y seguir siendo buenos padres de familia?

En el fondo, también nos planteamos todas estas preguntas para el conjunto de la población alemana. Todos esos guardianes y guardianas de los campos de concentración, todos esos miembros de las Waffen SS, de los *Einsatzgruppen*, todos esos funcionarios de mayor o menor rango que sirvieron en la Administración nazi, todos esos militantes del NSDAP y del Frente Alemán del Trabajo fueron sin duda excelentes padres y madres. Y sin embargo, se comportaron como sus líderes, llegaron hasta el final del horror.

Los herederos de los dirigentes nazis, esos hijos de verdugos, son también víctimas. Vivieron en la encrucijada de los secretos de familia y los secretos de Estado. Quedaron bastante manchados, lo reconozcan o no, por los actos de sus padres y madres. Alimentaron sentimientos de culpabilidad, aunque se niegan a confesárselo. Pero fueron educados en el sacrosanto precepto de «Respetarás a tu padre y a tu madre». No todos, sin embargo. Hay uno, Niklas Frank, nacido en 1939 en el seno de una familia de cinco hijos, que considera a su padre «como un criminal nazi». Convertido en periodista, escribió una obra vengativa sobre el tema. Considera claramente a su padre, Hans, gobernador general de Polonia, el «carnicero de Cracovia», como un pobre tipo atraído únicamente por la riqueza y los honores. El hijo tiene siete años cuando acude, el 15 de octubre de 1946, a la prisión de Núremberg para ver a su padre, por última vez, antes de su ejecución al día siguiente. Ni una lágrima y solo el sentimiento de pertenencia a una familia (no respeta más a su madre, otra criminal). Tampoco un odio excesivo: no se asesina a los padres.

Entre todos estos niños nazis, el personaje más intrigante es, evidentemente, Adolf Martin Bormann Jr. (que no verá confirmada la muerte cierta de su padre, el 2 de mayo de 1945 en Berlín, hasta 1972-1973). Este hijo primogénito de una familia de diez acabó ordenándose sacerdote. Una manera de compensar: durante toda su vida, siempre se esforzó en distinguir al padre cariñoso del político nazi responsable de actos condenables.

Así pues, las hijas y los hijos de los dirigentes nazis no se distinguen por reacciones muy sorprendentes. Unos pasan su vida defendiendo la memoria paterna (Edda Göring, Gudrun Himmler, Wolf Rüdiger Hess, a los que se puede añadir, sin duda con una fe algo menos intensa que los demás, Brigitte Höss, después modelo). Otros llegan a condenar la memoria de su padre (Niklas Frank, Rolf Mengele), y una última diferencia su visión del padre separando familia y compromiso profesional (Adolf Martin Bormann Jr.). En cuanto a Albert Speer Jr., se convirtió en practicante celoso de la voluntad expresada por el canciller Adenauer: «No hagan preguntas. Construimos un nuevo país».

LOS «SUICIDIOS» TAN DIFERENCIADOS DE LOS SEIS DIRIGENTES NAZIS MÁS IMPORTANTES

Entre «los que prefirieron morir» están por supuesto Hitler y sus colaboradores más cercanos, que son objeto de esta obra. Aun en el caso de que Hitler se hubiera envenenado finalmente (lo cual no sería extraño en un hombre que no soportaba la visión de la sangre) en vez de haber utilizado su pistola, su suicidio no parece en absoluto sorprendente. No ignora que, si no se quita la vida, será capturado por los Aliados, allá donde vaya. Y solo dios sabe lo que puede ocurrir si un grupo de soldados, sobre todo si son rusos, lo captura. La suerte de Mussolini está ahí para dar fe. En esas condiciones, es más sencillo perecer en Berlín, dando la sensación de una solidaridad con su pueblo en la desgracia. ¡Una desgracia de la que es el primer responsable!

Más dura será la suerte de Rommel, que muere tragándose una cápsula de cianuro, pero cumpliendo órdenes, para salvar a su familia y su rango. El Führer había dejado de confiar en su mariscal. Por otro lado, el 17 de junio de 1944, de viaje en Francia, Hitler se marcha inmediatamente después de la conferencia de Estado Mayor sobre la coyuntura militar, presintiendo con una suerte de premonición que algo no iba bien. A partir de entonces, nada le impide castigar a su mariscal favorito, salpicado por la conspiración de julio de 1944, aunque no existía ninguna prueba escrita.

En cuanto a Hess, el amigo de los tiempos difíciles y de los grandes éxitos, que fue a meterse en la boca del lobo británico con la probable aprobación del Führer, su fracaso marca sus límites. No cumplió la gran misión de conseguir que Inglaterra firme una paz separada, porque la negociación previa fue demasiado ingenua del lado alemán. ¿Y este hombre manifiestamente desequilibrado pudo traicionar de ese modo a Hitler? Que su nombre desaparezca para siempre, ordena el régimen nazi. Capturado en Escocia en 1941, será prisionero de por vida. Una vida que terminará de manera dudosa, casi medio siglo después, ¿con una ejecución o con un suicidio?

Himmler y Göring, los dos principales cómplices del jefe supremo del Tercer Reich, no tienen ninguna conciencia de las atrocidades que cometieron. Piensan que pueden negociar con los Aliados y preservar posiciones ventajosas. En el fondo, pretenden que lo único que hicieron fue obedecer. El primero, Himmler, murió como un perro, sin duda suicidándose, a menos que alguien lo golpeara hasta la muerte. El segundo, Göring, condenado a muerte, evitó envenenándose que le pusieran la soga al cuello.

Por último, Goebbels, el único que se mostró fiel a Hitler, recorrió un auténtico viacrucis criminal, sacrificando a sus hijos menores antes de suicidarse con su esposa. Fue, tal vez, el único de los grandes dirigentes del Reich que tuvo ánimos para utilizar un arma de fuego.

1
Erwin Rommel

Forzado al suicidio, el 14 de octubre de 1944, para proteger a su familia

Erwin Rommel vio la luz en Wurtemberg, en la pequeña ciudad de Heidenheim, el 15 de noviembre de 1891, en el seno de una familia burguesa de profesores en la que no falta nada. Su padre era una eminencia en matemáticas, mientras que su madre, Helena von Luz, pertenecía a una familia wurtemberguesa de buena posición. Erwin, que lleva el nombre de su padre, es un niño más bien frágil que se encuentra a sus anchas bajo las faldas de su madre y de su hermana mayor, Helena (que, por tanto, lleva el mismo nombre que su madre). El niño es obediente, le encantan los paseos por el bosque y se esfuerza sin cesar, con audacia, en subirse a los árboles. Su afición a la naturaleza se combina a la perfección con su amor por los cuentos de caballería y los relatos épicos de la guerra de 1870 contra los franceses. Reproduce las batallas con sus soldados de plomo. Por otro lado, en la escuela, apenas le motivan otras cosas que las clases de historia y de geografía.

Hacia los trece años, sin duda bajo la influencia paterna, se apasiona por las matemáticas. Destaca rápidamente y sigue sin dificultad el modelo alemán de la época: rechazo de las chicas, deporte de alta intensidad, auténtico fanático del compañerismo entre chicos. Su afición por la ciencia lo encamina hacia la aviación, entonces incipiente. Realiza modelos a escala, antes de construir un planeador de tamaño natural, aunque no logra hacerlo despegar. Se decidirá a postularse como ingeniero en las fábricas Zeppelin de Friedrichshafen, no muy lejos de su domicilio. Pero su padre, espantado ante los riesgos del oficio aéreo, lo orienta hacia el Ejército de Tierra. Ingresa como alumno aspirante a oficial de Infantería en el 124.º Regimiento de Weingarten.

UN JOVEN LLENO DE AUDACIA

Su carrera arranca con intensidad: asciende a cabo y después a sargento. Su aptitud para el mando lo conduce directamente a la Escuela Militar de Dantzig. ¡Estamos en 1911 y solo tiene veinte años! Allí puede mejorar los conocimientos teóricos que tanto necesita para dirigir las maniobras. Gran lector de Carl von Clausewitz y de Helmuth von Moltke, también sabe enamorar y cortejar a una joven estudiante de lenguas extranjeras, Lucia Maria Mollin, hija de uno de los más importantes propietarios de tierras de Prusia Oriental. Nombrado subteniente en 1912, Rommel es enviado al frente francés en el verano de 1914.

Una herida en un muslo, en el mes de septiembre, y después la toma de tres fortines en Argonne le hacen acreedor de la Cruz de Hierro de segunda y después de primera clase. Después de haber sido nombrado teniente, resulta herido por segunda vez en una pierna, antes de ser destinado al Batallón de Montaña de Wurtemberg. En 1916, aprovechando un permiso, se casa con su muy querida Lucia. Entonces es enviado al frente de los Cárpatos, en Rumanía. Allí destacará, exhibiendo mucha audacia y logrando, mediante una serie de golpes de mano, capturar a 150 oficiales, 10 000 hombres de tropa y 80 cañones. Un año más tarde, en el enfrentamiento de Longarone, consigue la capitulación de toda la guarnición italiana. Estas hazañas se ponen en conocimiento del Alto Estado Mayor, que lo llama a su lado.

UNA REPUTACIÓN BASADA EN MALENTENDIDOS

Rommel debe participar entonces en la concepción de la serie de cuatro «ofensivas de la última oportunidad» preparadas por Hindenburg y Ludendorff, en el primer semestre de 1918. Los dos mariscales se juegan el todo por el todo en el frente francés, y fracasan. Rommel no se siente muy cómodo en ese trabajo conceptual. Es un militar de acción, le gusta dirigir a los hombres. Esta insuficiencia de reflexión estratégica le costará cara en África cuando esté al mando del Afrikakorps, al arriesgar en exceso un cuerpo de batalla muy inferior en número y materiales al del enemigo. Su visión será más clara en el frente occidental en 1944, pero no logrará que se adopte un plan que disponga la totalidad de las fuerzas blindadas alemanas cerca de las futuras playas de desembarco.

En realidad, Erwin Rommel no es el estratega que pretendió ser y sus fracasos son infinitamente más importantes que sus éxitos.

Mientras espera, hay que sobrevivir después de la derrota del Segundo Reich. Rommel entiende la capitulación como una traición. En el verano de 1919, en ese ejército alemán reducido al estricto mínimo por el Tratado de Versalles, consigue un mando, el de una compañía de seguridad interior compuesta por amotinados de la Kriegsmarine (Marina de Guerra) que enarbolaron la bandera roja a finales de 1918. Se trata de una tarea estimulante que le viene como anillo al dedo: transformará a aquellos «traidores» en soldados modelo. Y la vida de guarnición le deja mucho tiempo para compartir con su esposa, a la que profesa un amor sincero. Incluso viaja a Italia, orgulloso de enseñar a Lucia los escenarios de sus hazañas en el valle del Isonzo. Recorre también con agrado aquellos bosques de la región de Stuttgart que tanto aprecia. En 1928 nace Manfred, su único hijo. Es el mejor año de su vida. En 1929 se encomienda a Rommel la instrucción de los alumnos de la Escuela de Infantería de Dresde. Será entonces cuando redacte una obra que retoma su clase magistral, con el título de *Infanterie greift an* (La infantería ataca). El libro está ilustrado con mapas y croquis precisos. El ejército suizo toma nota, pero aún más un tal Adolf Hitler.

Cuando Hitler accede al poder, en 1933, está muy lejos de haber seducido a Rommel con sus brutales tesis nacionalsocialistas. Sin embargo, el oficial se deja convencer poco a poco por su patriotismo, su deseo de reunir a las poblaciones alemanas dispersas en Europa, su anticomunismo primario, al fin y al cabo. Rommel es destinado a Goslar, al 3.er Batallón de Infantería Alpina. Son sobre todo sus cualidades de esquiador las que lo distinguen de los demás oficiales. La recuperación del servicio militar obligatorio y la creación de la Wehrmacht acaban convirtiendo a Rommel al nazismo.

Sin embargo, se mantiene al margen de los círculos de poder, lo que no le impide obtener el ascenso, con su nombramiento para el rango de teniente coronel. Después vendrá, con cierta rapidez y de manera aún más excepcional, su promoción al frente de la prestigiosa Academia de Guerra de Potsdam. Con sensatez, Rommel continúa prefiriendo su vida familiar a las grandes recepciones del régimen. En abril de 1937, Baldur von Schirach le pide que imparta instrucción militar a sus Juventudes Hitlerianas. Tiene que aceptar. Pero apenas siente estima por el hombre y se lo hace notar, lo que no obstaculiza su carrera: ya es coronel.

Hitler no se ha olvidado del autor de *Infanterie greift an:* en 1938 lo nombra comandante a título temporal del batallón que asegura su protección personal. Y es que Hitler advierte en él una personalidad con potencial que no pertenece a esa casta de la nobleza, a menudo de origen prusiano, que asegura con cierta altanería el mando de la Wehrmacht. Sin embargo, Rommel es nombrado rápidamente director de la Academia de Guerra de Wiener Neustadt, no lejos de Viena, en Austria. El año siguiente, Hitler lo vuelve a llamar junto a él para dirigir, de nuevo, su guardia más cercana. Rommel tiene que permitir que su hijo Manfred ingrese en las *Hitlerjugend*. Nombrado general, Rommel es destinado al cuartel general del Führer. Tras haber participado en la invasión de Polonia en el mes de septiembre de 1939, Hitler le confiará, a petición suya, la 7.ª División Blindada de 218 carros ligeros y medianos, más 56 ametralladoras automáticas, que incluye además unidades del cuerpo de ingenieros, de artillería de campaña, escuadras de motoristas, baterías de defensa antiaérea con sus sirvientes, y dos regimientos motorizados. Esta división pertenece al XV Cuerpo de Ejército, dirigido por el general Hoth, en el seno del IV Ejército comandado por el general Von Kluge. El IV Ejército y el XII Ejército constituyen el Grupo de Ejércitos A, puesto bajo la alta dirección del general Von Rundstedt.

Una campaña de Francia objeto de controversias

El 10 de mayo de 1940 Rommel avanza a través de las Árdenas belgas. El 14 de mayo logra franquear el Mosa. En Flavion, el 15 de mayo, la 5.ª y la 7.ª divisiones Panzer pierden unos 80 carros de combate, 20 ametralladoras automáticas y 20 cañones anticarros, más o menos igual que su adversario francés. En Montcornet, el 19 de mayo, Rommel frena el contraataque del coronel De Gaulle. Al día siguiente, 20 de mayo, el alemán alcanza las afueras de Arras. Sin embargo, el 21 de mayo, la respuesta aliada, ejecutada por dos regimientos de tanques británicos y una división mecanizada francesa, causa estragos en las filas alemanas. Es cierto que los Aliados pierden cerca de 80 blindados ese día, pero el avance alemán es bloqueado. La 7.ª División Panzer sufre la destrucción de 20 tanques y la muerte de 400 hombres. En cuanto a la División Motorizada SS Totenkopf, que combate a su lado, pierde a 300 combatientes. Rommel está a punto de morir y es evidente que se encuentra en dificultades. Solo los reiterados ataques de los Stuka permiten enderezar una situación comprometida. El avance alemán se reanuda y el 22 de mayo se franquea el Scarpe. El 29 de mayo, Rommel participa en la maniobra de cerco de Lille. El 2 de junio, Hitler en persona acude a felicitar a Rommel, que se esfuerza por convencer al Führer, todavía ansioso ante la idea de una contraofensiva francesa, de continuar inmediatamente el asalto. El balance de Rommel es honorable. Es cierto que la 7.ª División Panzer perdió algo menos de un centenar de tanques y 1600 hombres, es decir exactamente el 13 % de sus efectivos, pero infligió daños muy superiores al enemigo: del orden de 15 000 prisioneros, pero solo un centenar de carros de combate destruidos.

La 7.ª División Panzer cumple inmediatamente la orden de Hitler de franquear el Somme, el 5 de junio. Rommel se abre paso entre Longpré y Hangest. La resistencia de las tropas senegalesas es heroica en los bosques de Hangest y alrededor del castillo de Le Quesnoy. Los alemanes pierden 300 hombres. En el lado francés, los soldados de la 7.ª compañía del 53.º Regimiento de Infantería Colonial de Tiradores Senegaleses, escasos de munición, tienen que rendirse. Su capitán, de color, es liquidado, y los prisioneros, tanto negros como blancos, desaparecen. Sin duda son ejecutados sumariamente. Los hombres de Rommel parecen ser los responsables. En su *Rommel, la fin d'un* mythe (Rommel, el fin de un mito), Dominique Lormier escribe, en relación con los prisioneros africanos:

> Agrupados, los prisioneros indígenas son conducidos al jardín de un castillo. Allí veintiséis serán ejecutados y enterrados suma-

riamente en una fosa común. Otros ochenta y tres serán hallados en las inmediaciones. Sus cuerpos se abandonarán en una suerte de fosa natural, más conocida en la región con el nombre de Saut-du-Loup [Salto del Lobo].

Por su parte, Raffael Scheck, en su obra *Une saison noire* (Una época negra), afirma que «tiradores senegaleses y un subteniente francés capturados son liquidados por alemanes de uniforme negro, muy probablemente los soldados de la 7.ª División Panzer de Rommel».

El 8 de junio, el general Rommel llega al Sena. Ante un ejército en desbandada, el alemán maniobra con su fogosidad habitual. Después aísla al IX Cuerpo de Ejército del general Ihler, que en Saint-Valery-en-Caux se esfuerza por llegar a las islas británicas. El 10 de junio toma el puerto de Fécamp. Y, disparando contra la flota inglesa que se acerca para evacuar a los franceses, la hace retroceder. Consigue entonces la rendición del general Ihler, capturando a 12 generales, 25 000 hombres, un centenar de cañones y cerca de 60 blindados. Avanzando rápidamente a través del campo, por Laigle y Flers, llega al Cotentin y asedia Cherburgo. Al cabo de tres días de combate, los almirantes Le Bigot y Abrial se rinden el 18 de junio 1940, con sus 30 000 hombres, aunque los alemanes están en franca inferioridad numérica. Sin duda los dos almirantes franceses no han hecho otra cosa que obedecer al discurso del mariscal Pétain, que ordena a la ciudad «cesar el combate», ya que las tropas alemanas no disponían realmente de los medios militares para tomar el puerto.

Avalado por este éxito espectacular pero poco arriesgado, Rommel continúa su epopeya. Se va rumbo al sur y el 24 de junio entra en Burdeos, donde hace desfilar a sus tropas el 29. Así, en seis semanas, del 10 de mayo al 24 de junio, Rommel puso fuera de combate o capturó entre 80 000 y 90 000 soldados franceses y se apoderó de cantidades importantes de armamento. A decir verdad, sus hazañas no son tan considerables y, sobre todo, se obtuvieron contra unos ejércitos en total decadencia. Solo los expertos se acuerdan de que en Flavion el 15 de mayo y en Arras el 21 de mayo, ante fuerzas blindadas comparables a las suyas, en combates limpios, sufrió fuertes pérdidas y solo se salvó gracias a la intervención de una aviación alemana dueña absoluta del cielo.

EL IMPRUDENTE AFRIKAKORPS

Destacado en Burdeos, Rommel es convocado al cuartel general de Hitler a principios del mes de febrero de 1941. Recibido por el mariscal Von Brauchitsch, se le expone su nueva misión: viajar a Libia para socorrer a las tropas del general italiano Graziani, amenazadas de aniquilamiento total en la Cirenaica por los británicos. Rommel apenas tiene tiempo para pensarlo: el 14 de febrero aterriza en Trípoli. Allí dispone enseguida de la 15.ª División Panzer y de la 5.ª División Ligera Motorizada, pero también de tres divisiones blindadas italianas, Brecia, Ariete y Trento. Está al frente de cinco divisiones, cuando nunca ha dirigido más de una. Lo primero que hace, bastante bien, es administrar sus medios militares. Camufla vehículos Volkswagen como tanques, haciendo creer a los británicos que dispone de fuerzas importantes. Lanza una primera incursión, con prudencia. Porque sabe que aún ignora las complejas reglas logísticas de la guerra del desierto, tan necesitada de agua y de combustible. Y se esfuerza por atacar al adversario allí donde nadie lo espera. Es entonces cuando adquiere la reputación de ser el «Zorro del Desierto». Su objetivo es tomar Tobruk para disponer de un puerto en aguas profundas destinado a recibir suministros y refuerzos, antes de atacar Egipto y su canal de Suez, el objetivo fijado por Hitler.

Rommel pasa a la ofensiva el 24 marzo de 1941, ocupa sucesivamente El Agheila, Marsa el Brega, después Agedabia y finalmente Bengasi. Después, con cuatro divisiones, ataca Tobruk y la pone bajo sitio. Reforzado pronto por la 90.ª División Blindada alemana y divisiones suplementarias italianas (limitadas, sin embargo, a una sola brigada), resiste los intentos de ingleses y australianos de romper el sitio de Tobruk. Los italianos se imponen en Bir el Gobi y los alemanes en Sidi Rezegh. Después de haber desbaratado la tentativa de asesinato del teniente coronel Keyes contra su persona, Rommel se muestra realista. Comprueba la superioridad de los británicos en tanques y aviones y ejecuta una retirada táctica, levantando el sitio de Tobruk. Vuelve a posicionarse, después de haber abandonado Bengasi, a la altura de Agdabia, una posición infinitamente más cercana a sus bases de abastecimiento. Porque los combates fueron intensos. Si los británicos perdieron cerca de 800 carros de combate, los alemanes y los italianos sufrieron la destrucción de 340 de sus blindados. Pero las pérdidas humanas germano-italianas son claramente superiores a las de sus adversarios. Un asalto contra el campamento fortificado de Agdabia, a finales de diciembre de 1941, les cuesta entre 135 y 140 tanques más a los ingleses, que se retiran.

A pesar de los refuerzos recibidos, Rommel solo es capaz de alinear aproximadamente 600 tanques, alemanes e italianos, ante el millar de blindados británicos. Parece por tanto muy arriesgado lanzarse de nuevo al asalto de la lejana Tobruk, donde los ingleses no dejan de recibir refuerzos. Máxime cuando el dominio del cielo por los alemanes está lejos de ser perfecto. El general italiano Cavallero se opone a una acción ofensiva demadiado ambiciosa, que considera temeraria. Rommel se niega a escucharlo y lanza una ofensiva relámpago: el 29 de enero recupera Bengasi, la capital de Tripolitania. Y se acerca a Tobruk, por el norte, después de haber tomado Derna, y por el sur atacando las posiciones francesas en Bir Hakeim. Espera atrapar así al VIII Ejército británico y destruirlo o capturarlo. Pero la enconada resistencia del general Pierre Koenig, al frente de los franceses libres, del 27 de mayo al 11 de junio de 1942, permite escapar al VIII Ejército. En Tobruk,

Rommel captura a 45 000 soldados ingleses, 2 000 vehículos y cantidades impresionates de víveres (5 000 toneladas) y combustible (2 000 toneladas). Sin embargo, los ingleses han preservado lo esencial de sus fuerzas.

Nombrado mariscal por Hitler, Rommel abandona entonces toda prudencia. Penetra 150 kilómetros en Egipto, hasta Marsa Matruh, donde entra el 29 de junio. Su Estado Mayor le previene contra la vulnerabilidad de un ejército demasiado alejado de sus bases e inferior en medios al adversario. Pero el mariscal está decidido a forzar la suerte en El Alamein, ciudad situada a 150 kilómetros de Alejandría. Con 110 000 hombres, 500 tanques, 300 cañones y 300 aviones (es decir, cuatro divisiones alemanas y ocho pequeñas divisiones italianas), debe hacer frente a Montgomery, que dispone de medios humanos dos veces superiores (220 000 ingleses, australianos, neozelandeses, indios y canadienses) y de armamento tres veces mayores (1 600 tanques, 1 000 cañones, 1 000 aviones). Rechazado dos veces, el 13 de julio y el 30 de agosto, el ejército alemán se encuentra en la más peligrosa de las situaciones. Enfermo de gravedad, el mariscal se ve obligado a abandonar a sus tropas en plena batalla el 22 de septiembre de 1942. El general Georg Stumme, que acaba de llegar, lo sustituye enseguida. Rommel, recibido por Hitler, no consigue los refuerzos deseados. El Führer promete el futuro carro de combate pesado Tiger I al cabo de unas semanas, pero es demasiado tarde. El comportamiento heroico de las divisiones italianas permite estabilizar el frente, pero el 23 de octubre, tras haber agrupado sus fuerzas, Montgomery asalta las posiciones italianas (ocho divisiones) y alemanas (solo cuatro divisiones). El 24 de octubre, el frente germano-italiano aún aguanta cuando Stumme es víctima de una crisis cardiaca. Rommel recibe la orden de sustituirlo: el 26 de octubre está de nuevo en su puesto. Lo que observa a su llegada es muy preocupante. La destrucción total de la División italiana Ariete, el 4 de noviembre, después de una resistencia heroica, convence a Rommel de que no es posible poner en peligro a todo el ejército. A pesar de la orden de Hitler de resistir a toda costa, decide emprender la retirada. Solo dispone ya de entre 30 y 40 tanques en condiciones, mientras que los ingleses, a pesar de la pérdida de un millar de blindados, siguen siendo capaces de alinear 950. En efecto, se reforzaron con cerca de casi 500 tanques en las tres últimas semanas de combate. Las divisiones blindadas italianas aceptan sacrificarse para que Rommel y sus tropas alemanas puedan escapar del cerco. La División Trieste es la única (una de ocho) que logra reunirse con los alemanes. Agotados, los ingleses renuncian a perseguir a los restos del ejército de Rommel, que evacua por completo Libia y se repliega al Túnez italiano, protegido por los combates en retaguardia de los italianos en Tripolitania.

Relaciones conflictivas con Hitler

El encuentro entre Rommel y Hitler, el 29 de noviembre de 1942, en Rastenburg (la famosa «Guarida del Lobo, en Prusia Oriental), sale mal. El Führer tiene un arranque de cólera contra su mariscal: no tiene ninguna conciencia de la situación desesperada del Afrikakorps. La confianza entre los dos hombres se rompe.

Tras haber podido consolidar sus posiciones tunecinas, Rommel resiste a los Aliados. En enero y febrero de 1943, gana con brillantez la batalla de Kasserine, que cuesta más de 10 000 hombres a los Aliados. Pero, frente a la armada anglo-americana, sufre las peores dificultades para aguantar. De nuevo gravemente enfermo, Rommel es llamado a Alemania y sustituido por Von Arnim. El 10 de marzo de 1943, Hitler vuelve a recibirlo en Rastenburg. Aboga por una retirada alemana de África, a causa de la desproporción de medios entre los Aliados y las fuerzas germano-italianas. El Führer se niega en redondo. Rommel toma entonces conciencia de la obcecación de Hitler y su entorno. Hospitalizado en Semmering (Austria), Rommel, a su salida, es convocado por Hitler el 10 de mayo de 1943. El mariscal queda impresionado por el súbito envejecimiento del Führer, que sin embargo pretende reconocer su error. Invadido por una lucidez demasiado tardía, lamenta, en efecto, no haber retirado las tropas alemanas de África. Pero ya es tarde: el 12 de mayo, Von Arnim tiene que deponer las armas en Túnez, entregando 125 000 hombres a los Aliados. El ejército italiano, con 130 000 hombres, ofrece también su rendición.

Y Rommel se queda sin un verdadero destino. Hitler lo envía a Italia en el mes de septiembre con la ingrata misión de tener que desarmar a las unidades italianas que se oponen a la ocupación alemana desde la caída de Mussolini, el 23 de julio de 1943. Rommel logra controlar a las unidades milanesas. Hitler piensa entonces en nombrarlo al mando del frente italiano en lugar de Kesselring. Pero al final no hace nada al respecto. Rommel está de nuevo sin mando.

Responsable de la inspección de las costas occidentales

El 1 de diciembre de 1943, Hitler, que ha mantenido cierta confianza en las capacidades militares de Rommel, le encomienda el puesto más importante de su carrera: la inspección de las costas occidentales, es decir las que se extienden desde Dinamarca hasta los Pirineos. Se trata de una misión de consolidación y extensión de las defensas ya erigidas, debido a la certeza de un desembarco anglo-americano en el oeste. Pero también de la preparación de potenciales contraofensivas ante un adversario que hubiera conseguido desembarcar. La función es importante. Máxime cuando muy pronto irá acompañada, a partir de enero de 1944, del mando del Grupo de Ejércitos B, es decir los Ejércitos VII y XV, o las treinta y nueve divisiones, siete de ellas blindadas. Una responsabilidad muy alta para un hombre consumido por la enfermedad (se recupera mal de las afecciones contraídas en Egipto) y que nunca ha tenido bajo su mando al equivalente de más de ocho o nueve divisiones (las italianas, en efecto, cuyos efectivos representan la mitad de las divisiones alemanas). Antes de establecer su cuartel general en La Roche-Guyon (en el actual departamento de Val-d'Oise), recorre incansablemente su teatro de operaciones. Lo que ve es desolador: extensas zonas mal defendidas, tropas desmotivadas y deficientemente dirigidas, ausencia de artillería costera entre el Somme y el Loira, búnkeres mal posicionados, puertos poco protegidos, defensas insuficientes detrás del litoral contra eventuales lanzamientos de tropas en paracaídas. Al igual que su superior, el mariscal Von Rundstedt, comandante en jefe del frente occidental, Rommel se equivoca en lo relativo a la elección geográfica de los Aliados para su desembarco. Lo prevé en el Paso de Calais y no en Normandía. Al parecer, Hitler es el único que tiene la intuición de que los Aliados se decidirán por Normandía. Y así, las unidades más potentes del ejército alemán se emplazan al norte del Sena. Por otro lado, Von Rundstedt y Rommel están en profundo desacuerdo en lo relativo al posicionamiento de las divisiones blindadas. Von Rundstedt, hombre de la vieja escuela, quiere preservarlas situándolas lejos de las costas, fuera del alcance de los potentes cañones de la marina anglo-americana. En cambio, Rommel estima que deben estar camufladas en la proximidad inmediata del litoral para poder utilizarlas al instante inmediatamente en caso de que se establezca una cabeza de puente; por tanto, hay que erradicar inmediatamente al enemigo antes de que la consolide. Hitler, a quien se recurre en calidad de árbitro, se niega a tomar partido: tres divisiones blindadas se ponen bajo el mando directo de Rommel y cuatro se posicionan en reserva lejos de la costa.

Rommel se esfuerza en subsanar las insuficiencias más patentes a lo largo de las costas: multiplica los campos de minas, desarrolla las barreras antitanques, instala líneas de alambres de púas por todas partes, dispone también en gran número obstáculos sumergidos con la marea alta. Pero su trabajo no está ni mucho menos terminado el 6 de junio de 1944.

ROMMEL, ZARANDEADO POR LOS ACONTECIMIENTOS

En el mes de mayo de 1944, Rommel comienza a tomar conciencia de la realidad del régimen nazi y es informado de la conspiración que se prepara en el seno del Ejército. El doctor Strölin, burgomaestre de Stuttgart, a quien conoce muy bien, le informa del horror de la «Solución Final». Rommel queda abatido. Y más cuando en ese mismo momento su nuevo jefe de Estado Mayor, el general Speidel, lo pone en contacto con el comandante militar de la Wehrmacht en París, Carl-Heinrich von Stülpnagel. Ahora está al corriente de la conjura que se prepara contra Hitler. Rommel se niega a participar en ella, pues se opone a un atentado que convierta a Hitler en un mártir. Prefiere un arresto, seguido de una destitución y finalmente un juicio popular del Führer, todo lo cual desembocaría en una negociación con Estados Unidos. El ejército alemán se retiraría inmediatamente de todo el oeste europeo para trasladarse hacia el este y responder a la ofensiva soviética. A finales del mes de mayo de 1944, con la aprobación de Rommel, Speidel se reúne con el exministro Von Neurath y el doctor Strölin. La consigna es clara: Rommel debe estar listo para ponerse de inmediato al frente de la Wehrmacht al día siguiente del atentado para negociar con los americanos.

El 5 de junio de 1944, Rommel decide viajar a Herrlingen, en su Baden-Wurtemberg natal, para celebrar los cincuenta años de su querida Lucia. Piensa viajar también a Rastenburg para arrancar a Hitler la decisión de emplazar a lo largo de las costas las cuatro divisiones blindadas que hasta entonces se mantenían en la retaguardia. El 6 de junio, cuando está de camino hacia Alemania, se le avisa de la operación Overlord. Tiene que desandar seiscientos kilómetros para reunirse con su puesto de mando. A su llegada, de noche, los Aliados ya establecieron una cabeza de puente de veinticinco kilómetros de ancho entre Cabourg y Barfleur. Ante el dominio total del cielo por la aviación anglo-americana y la potencia de fuego de la marina aliada (que alinea 650 cañones de gran calibre), las dudas lo invaden. ¿Puede realmente arriesgar en la batalla a sus *Panzer Divizionen* sin condenarlas a la aniquilación? Muy pronto, el mariscal comprueba que le faltan municiones y, sobre todo, que el armamento aliado es muy superior al suyo.

A decir verdad, Rommel, siempre cansado por las secuelas de su enfermedad, no es ya más que la sombra de sí mismo. Las treinta y nueve divisiones son un traje que le queda demasiado grande a este mariscal consumido por la guerra. Rommel, cuya audacia, a menudo aventurera, era su cualidad principal, se refugia en una estrategia defensiva. Se vuelve ansioso y realmente pesimista con respecto al desenlace de la batalla en el oeste. No tiene ya ninguna confianza en Hitler. ¡Sabe que Normandía solo puede suponer una derrota!

El 17 de junio, Hitler se desplaza a Margival, en el Aisne, región de Picardía, donde se alza un búnker que debía protegerlo. Se trata de hacer balance sobre el estado del frente occidental con Von Rundstedt y Rommel. Rommel preconiza una retirada al Sena y la negociación de una paz separada con los americanos. Recibe una seca reprimenda de Hitler: «Es una cuestión que no le concierne». Rommel parece agotado e incapaz de concebir el más mínimo contraataque. Además, ya no dispone de los medios necesarios. Hitler exige resistencia a toda costa y promete la llegada de aviones a reacción. La partida súbita e imprevista de Hitler, tal vez impresionado por un disparo cercano o incluso por sospechar alguna trampa, impide al mariscal proceder al arresto programado del Führer por la noche. Lo lamentará amargamente.

El 26 de junio, el coronel Finckh advierte a Rommel de la inminencia del atentado contra Hitler. Rommel intenta entonces una última iniciativa y se reúne con el dictador en Berchtesgaden el 29 de junio. Hitler confirma su negativa a cualquier negociación y la imposibilidad de enviar refuerzos. La víspera, Hitler destituyó al mariscal Von Rundstedt debido a un informe sobre la situación militar que se considera demasiado pesimista. Rommel se reúne con su sustituto, Von Kluge, el 6 de julio de 1944 en La Roche-Guyon. La entrevista es glacial, pero Von Kluge no tiene más remedio que admitir la exactitud de las posiciones de Rommel. La batalla de Normandía está perdida. La decisión de Rommel está tomada: es necesario detener a Hitler mientras todavía haya tiempo. Comienza por protegerse manteniendo junto a él a su fiel 116.ª División Panzer y al mismo tiempo una segunda división blindada retirada del frente. Ahora está fuera del alcance de los partidarios de Hitler y puede pensar en firmar un armisticio con Estados Unidos, replegarse a la línea Siegfried, interrumpir los bombardeos de las V1 y las V2 sobre Inglaterra y concentrar todas las tropas disponibles en el este, en una línea razonable apoyándose en el Vístula.

Herido de gravedad y restablecido con rapidez

El 17 de julio, hacia las 18:00, cuando termina su gira por el frente, el coche de Rommel, que llegó a las inmediaciones de Livarot, es ametrallado por un caza Typhoon. El mariscal sale despedido del vehículo antes de que este se vuelque. Sus heridas son muy graves: tres fracturas de cráneo, maxilar roto, el ojo izquierdo gravemente afectado. Atendido inicialmente en el hospital de la Luftwaffe en Bernay, a finales de julio Rommel es trasladado al hospital militar de Le Vésinet. En Bernay se entera, el 20 de julio, de que el atentado de Von Stauffenberg contra Hitler fracasó.

La represión emprendida bajo las órdenes de Hitler es feroz. Los conjurados son arrestados, juzgados y muchos de ellos ejecutados. Es sin duda el general Carl-Heinrich von Stülpnagel, uno de los principales conspiradores, quien, después de un intento de suicidio y hablando bajo la tortura infligida por la Gestapo, desvela el nombre de Rommel, antes de ser colgado de un gancho de carnicero.

Sin embargo, el mariscal se restablece perfectamente. A principios de agosto se reúne con su esposa y su hijo en Herrlingen. El 15 de agosto, su hijo Manfred, que sirve en la defensa antiaérea de Ulm, es trasladado a Herrlingen para hacer compañía a su padre. Al ser consultado, el célebre profesor de medicina Albrecht se sorprende de la rápida curación de Rommel.

El cerco se cierra

Sin embargo, Hitler rumia su venganza. El 8 de agosto de 1944 hizo que ahorcaran a mariscales y generales. Tiene dudas en cuanto a la suerte de Rommel, un hombre muy popular en el seno de la Wehrmacht. El Führer se inclina por la clemencia pero, prudente, ordena poner al mariscal bajo vigilancia para impedir su fuga. La Gestapo se encarga de esa tarea desde el 15 de septiembre. Asimismo, el relato oficial del accidente se reduce formalmente a un simple incidente de carretera. Sin embargo, Goebbels, Göring y Keitel, todos enemigos del mariscal, insisten para que sea condenado a muerte. Ofrecen dos argumentos: mantiene un lenguaje derrotista que es malo para la moral de las tropas y su autoridad moral es tal que podría ser utilizada contra el régimen. Hitler empieza por arrestar a Speidel, jefe de Estado Mayor de Rommel: este logra, de milagro, disculparse. Rommel comprende muy bien el mensaje que se le ha enviado de este modo: el cerco se cierra a su alrededor.

Hans Speidel conocerá una brillante carrera militar después de la guerra en el seno de la OTAN, donde llegará al mando de las fuerzas terrestres en 1956, solo doce años después de la operación Walkiria, nombre que Von Stauffenberg dio a su intento de asesinato de Hitler.

El 2 de octubre de 1944, Erwin Rommel avisa a su hijo Manfred que los nazis podrían intentar asesinarlo. Sus palabras, transmitidas por su hijo, son muy directas: «Los nazis no quieren sobre todo que hable. Son perfectamente capaces de asesinarme disfrazando su crimen de accidente o de suicidio». Le ordena que vaya siempre armado y que responda al primer disparo cuando se paseen juntos por el bosque.

El 7 de octubre, el mariscal es convocado a Berlín por Keitel para una entrevista programada con Hitler el día 10, con el fin de confiarle un mando importante. Hasta se pone a su disposición un tren especial debido a su estado de salud. Rommel está convencido de que se le ha tendido así una trampa. Asegura que sus médicos le prohíben formalmente cualquier desplazamiento.

El 13 de octubre se le avisa que los generales Maisel y Burgdorf irán a visitarlo a su domicilio de Herrlingen al día siguiente.

La última mañana del 14 de octubre de 1944

El mariscal se espera lo peor. Ese 14 de octubre de 1944 se levanta pronto y se viste con su uniforme del Afrikakorps, con el que estuvo a punto de morir dos veces. Espera a los dos generales enviados por Hitler hacia el mediodía. Wilhelm Burgdorf, primer ayudante de campo del Führer, es también el jefe de la Oficina de Personal del Ejército. En cuanto a Ernst Maisel, es el jefe para «la Educación y el Bienestar de los Oficiales» en la Oficina de Personal del Ejército. El primero se suicidará el 1 de mayo de 1945 en el búnker del Führer en Berlín, en tanto que el segundo, arrestado por los americanos y después liberado, sobrevivirá hasta 1978.

En cuanto llega su hijo, que viene de permiso desde Ulm, sobre las seis de la mañana, toman juntos el desayuno, frugal como siempre. A las siete salen los dos para dar un corto paseo por el jardín de la casa. Rommel informa entonces a su hijo de la visita de los dos generales y de sus inquietudes. Le explica que se espera que le propongan servir en Rusia, donde sus posibilidades de sobrevivir serán nulas, o bien que tenga que comparecer ante un tribunal, un alto tribunal, que lo condenará a muerte por traición. Rommel no se atreve aún a advertir a su esposa.

Dan las doce en Herrlingen

Es mediodía cuando los dos generales estacionan su coche delante de la puerta de la casa. Los acompañan un mayor de las SS, Ehrenberger, y un conductor, el cabo Doose. No vienen solos. Rommel no lo sabe, pero hombres de la Gestapo se ocultaron en la linde del bosque que domina la casa del mariscal. Los dos generales saludan militarmente a Rommel y presentan sus respetos a su esposa. Al observar la presencia de Manfred y del ayudante de campo Aldinger, exigen de inmediato una entrevista a solas con Rommel. Son las 13:00 cuando Maisel y Burgdorf salen del domicilio de Rommel. El mariscal está pálido como la muerte que lo espera. Sube inmediatamente al primer piso de la casa para ver a Lucia. Y le anuncia la sentencia dictada por Hitler: la muerte después de un juicio o el suicidio. Cuando Manfred se reúne con ellos, se dirige a él y dice: «Acabo de anunciar a tu madre que dentro de un cuarto de hora estaré muerto». Y prosigue, dominando con dificultad su emoción:

> Que te maten en nombre de tu propio pueblo es algo difícil de aceptar. Pero la casa está rodeada y Hitler me acusa de alta traición. Por los servicios prestados en África, tengo la oportunidad de poder envenenarme. Los dos generales ocultaron con ellos cianuro. Un veneno que mata en tres segundos. Si acepto,

> no se emprenderá ninguna acción judicial contra mi familia. Asimismo, mi Estado Mayor no sufrirá las consecuencias.

Lo que Rommel no sabe, y los dos generales no se atrevieron a decirle, es que la Gestapo recibió la orden de acabar con él si se niega.

«Dentro de un cuarto de hora recibirá una llamada telefónica»

Manfred pone en duda la realidad del ultimátum que transmitieron los dos generales. Rommel le responde con calma:

> Tienen interés en que este asunto no trascienda. Naturalmente, ustedes dos [precisa, dirigiéndose a su esposa] tienen que comprometerse a callar. Si se comete una indiscreción, se considerarán eximidos.

Manfred, a quien sus dieciséis años no predisponen al compromiso, propone defenderse con las armas en la mano. El mariscal, impasible, replica: «Es preferible que muera uno solo a que nos expongamos todos a las peores barbaridades». Rommel llama entonces a su ayuda de campo y le dice que suba a la planta alta. Le expone los acontecimientos tal como deben desarrollarse. Después, acelerando el flujo de sus palabras, porque el plazo que fijaron los dos generales está a punto de expirar, anuncia que los nazis lo tienen todo previsto. Y que se celebrarán funerales de Estado en Ulm. Y, dirigiéndose a Aldinger, le precisa: «Dentro de un cuarto de hora, usted, Aldinger, recibirá una llamada telefónica del hospital de la Wagnerschule de Ulm anunciando que sufrí un ataque cerebral cuando me dirigía a una conferencia».

Bajan todos a la planta baja. El mariscal, a pesar de su legendaria sangre fría, está muy trastornado. No sabe qué decir antes de dejar a su familia para siempre. De su boca sale entonces esta frase incongruente: «Aún me quedan ciento cincuenta marcos. ¿Tengo que llevar conmigo este dinero?». Desconcertados, Lucia, Manfred y Aldinger guardan silencio. Entonces Rommel mira su reloj: los dos generales que lo esperan delante de la puerta de la casa solo le dieron diez minutos para despedirse. Lucia no tiene fuerza para esbozar un gesto. El mariscal sale al jardín acompañado de Manfred y Aldinger. Les estrecha la mano por última vez. Después, con su bastón de mariscal colocado bajo el brazo izquierdo, se dirige hacia la entrada. El perro, al que la perspectiva de un paseo pone muy alegre, da saltitos a su alrededor.

El suicidio

Después de haber cerrado la puerta, Rommel se reúne con los dos generales que están en posición de firmes delante del coche. Sube en la parte trasera del vehículo. Manfred cuenta lo que sucedió a continuación, pudo reconstruir los detalles interrogando a los testigos sobrevivientes:

> Me enteré de que el coche se había detenido unos cientos de metros más allá, en lo alto de la colina que domina nuestra casa. Allí, sin duda, estaban los hombres de la Gestapo que tenían orden de matar a mi padre y de saquear la casa en el caso de que se negara a suicidarse. Entonces el chofer y el general Maisel bajaron del vehículo. Solo el general Burgdorf se quedó con mi padre. Diez minutos más tarde, el chofer volvió a ocupar su puesto. El mariscal se había desplomado, su bastón estaba caído en el suelo, al igual que su gorra.

Veinte minutos más tarde, el timbre del teléfono rompe el pesado silencio que se abatió sobre la casa de los Rommel en Herrlingen. Aldinger descuelga. Es el hospital que anuncia la muerte del mariscal.

FUNERALES DE ESTADO

A las 14:00, el cuerpo del mariscal es ingresado en el hospital de Ulm. Hitler confirma que los funerales tendrán lugar en la ciudad. Y que el cuerpo del mariscal estará expuesto en el ayuntamiento, cubierto por la bandera nazi y velado por antiguos combatientes del Afrikakorps con uniforme de gala. El 18 de octubre, cuatro días después de su ejecución, en presencia de unidades de la Wehrmacht, la Luftwaffe y la Waffen SS, le corresponde al viejo mariscal Von Rundstedt, perfectamente al corriente de la verdad, apurar el cáliz hasta las heces cuando acaba de presidir el tribunal militar que envió a la muerte a los principales actores de la conspiración del 20 julio, precisamente sus colegas. Pronuncia la oración fúnebre del mariscal recordando el compromiso del difunto con el Reich y con su Führer.

Entre los telegramas de condolencia que les llegan, Lucia y Manfred no pueden menos de fijarse en los de Goebbels, Himmler y Bormann: los tres habían insistido en la condena a muerte del mariscal. Hasta Hitler tuvo a bien manifestarse escribiendo: «Le ruego acepte mi profunda simpatía por la pérdida de su esposo. El nombre de Rommel permanecerá siempre asociado a los heroicos combates de África del Norte». Cuando la ceremonia termina, el cuerpo del mariscal es incinerado. De este modo, una vez desaparecido el cuerpo, nadie podrá ya poner en duda la versión oficial. Las cenizas de Rommel se depositan en el cementerio de Herrlingen.

MANFRED SALVA EL PELLEJO

Manfred sabe que su vida corre peligro. Conoce la verdad sobre el final de su padre. Lucia, que ahora vive totalmente retirada (morirá en 1971), no es ya una amenaza para el régimen. Para evitar una ejecución programada, Manfred decide huir.

Tras desertar de su unidad de defensa antiaérea, avanza hacia el oeste, al encuentro de las fuerzas francesas al mando del general De Lattre de Tassigny. En el mes de mayo, es capturado y conducido inmediatamente en presencia del general francés, que mantiene a su lado a aquel joven, hijo de uno de los principales jefes de guerra alemanes, y lo toma como su intérprete.

Después de la guerra, Manfred aprobó su *Abitur* (bachillerato) en 1947 y después cursó estudios de Derecho en la Universidad de Tubinga. Más tarde, entró en política y se afilió a la CDU. Fue elegido alcalde de Stuttgart en 1974 y permaneció al frente de la ciudad durante veintidós años. Entonces fue nombrado por el canciller federal Helmut Kohl coordinador de asuntos franco-alemanes, hasta 1999. En 2002, Manfred, el hijo del mariscal Rommel, fue elevado al rango de comandante de la Legión de Honor francesa. Murió en 2013.

2
Adolf Hitler y Eva Braun

Doble suicidio el 30 de abril de 1945

Encerrado en el búnker de la Wilhelmstrasse, situado justo debajo de la nueva cancillería, en pleno corazón de Berlín, Hitler tiene de todos modos conciencia de que se acerca el fin de ese Tercer Reich que debía durar mil años. Ya solo es la sombra de sí mismo. Las sucesivas derrotas de El Alamein (en noviembre de 1942), Stalingrado (febrero de 1943) y Kursk (agosto de 1943), el derrocamiento de Mussolini en septiembre de 1943 y el éxito del desembarco en Normandía (junio de 1944) lo aterraron y debilitaron su capacidad para dirigir unas operaciones militares que ya lo superan muy ampliamente. Es cierto que su asombrosa visión de 1939-1940 desapareció, pero sigue siendo capaz de tener intuiciones notables. Por ejemplo, es el único en valorar que el desembarco en el oeste podría sin duda llevarse a cabo en Normandía, mientras Von Rundstedt y Rommel, por una vez en armonía, prevén la operación en el estrecho de Calais, porque la distancia es menor. También sigue siendo apto para dirigir operaciones de gran audacia a causa de los escasos medios de que dispone. Disimulan durante unos días o unas semanas, y conllevan el sacrificio de sus últimas tropas curtidas. Este es el caso de Wacht am Rhein, en las Árdenas, en pleno invierno de 1944-1945, tras haberse intentado una operación similar entre Estonia y Curlandia, en agosto de 1944.

HITLER, MUY DEBILITADO A MEDIADOS DE ABRIL DE 1945

El estado físico y mental del Führer se ha vuelto deplorable en el transcurso de su último año de vida, entre julio de 1944 y abril de 1945. El fogoso dirigente de la década de 1930, de magnetismo radiante, no es más que un espectro. Solo come verduras y pastas, acompañadas de té. Y ahora bebe alcoholes fuertes que antes rechazaba. Pasa las noches en vela. Su estado se degrada. No deja de consumir cada vez más drogas, para dominar la acumulación de sinsabores militares. Desde 1943, su mano tiembla y esta convulsión se extiende a todo su cuerpo después de la violenta conmoción que sufre el 24 de julio de 1944 (con la explosión de la bomba en su búnker de Rastenburg). A principios del año 1945 se ve aquejado seguramente de una pequeña crisis de apoplejía. En marzo y abril de 1945 se convierte en un verdadero despojo humano. Es cierto que el doctor Theodor Morell, antiguo médico de la marina mercante, desempeña un papel decisivo. Con la total confianza del dictador, le administra cada vez más drogas. Por mucho que el entorno de Hitler —Himmler, Hess, pero también Goebbels y Speer—, lo denuncie, e incluso sospeche que quiere envenenar al Führer, al dictador le trae sin cuidado. En cuanto a los médicos oficiales que examinan a Hitler, como el profesor Von Eicken o el cirujano Karl Brandt (condenado a muerte en Núremberg por haber encubierto experimentos con cobayas humanos), consideran a Morell un charlatán. Algunos historiadores, con gran audacia, llegan a pensar que Morell se convirtió en el brazo vengador de la Sociedad Thule, de la que Hitler, adepto de los primeros tiempos, había escapado, hasta el punto de perseguir a sus miembros una vez llegados al poder.

La confianza de Hitler en Morell se remonta a la curación por el médico del fotógrafo oficial del régimen, Heinrich Hoffmann, durante una estancia en Berchtesgaden. Y de este modo se convierte en el médico personal del Führer a partir de 1936 y lo seguirá siendo hasta 1945. No abandona el búnker hasta unos días antes de la caída del dictador. Morell es un hombre hábil y un verdadero especulador. Y lo aprovecha para fabricar especialidades farmacéuticas que difunde por toda Alemania. Asimiló a la perfección el credo de Hitler, no en favor de una medicina científica sino de una medicina mística y holística que se interesa en el ser humano en su integridad. Y ante todo, Morell comprendió que el Führer quiere efectos rápidos que le permitan disponer de una energía multiplicada para dirigir sus jugadas de póker diplomáticas, realizar sus ofensivas fulgurantes, estar decenas de horas seguidas delante de los mapas del Estado Mayor (en detrimento del sueño) para intentar extraer soluciones. Porque Hitler, a pesar de su decrepitud física, sigue teniendo alma de jefe de guerra que no deja libertad alguna a todos los mariscales y generales que lo rodean, aunque son infinitamente más competentes que él.

Así el doctor Morell propone a Hitler la administración de sus drogas en forma de inyecciones. Y le prepara mezclas de vitaminas, hormonas, sulfamidas y soluciones glucosadas. Y practica inoculaciones preventivas no solo con ocasión de los grandes acontecimientos, sino también cuando el Führer tiene que pronunciar un discurso. Y así será durante nueve años. Pero, en 1945, el cuerpo de Hitler ya no lo soporta. Porque, desde 1943, no solo la ingesta de drogas se volvió diaria, sino que se le añadió la absorción de complementos alimentarios. André Brissaud, en su obra *Hitler et l'ordre noir* (Hitler y la orden negra), enumera la lista de sustancias consumidas por Hitler: Vitalmutin-Calcium, un complejo de vitamina B, un poco de Glyconorm, estrofantina, Omnadin, Septojod y Gallistol. La peor de las drogas administradas a Hitler es sin duda el Vitalmutin-Calcium, que contiene no solo calcio sino también una cantidad masiva de pervitina-benzedrina y cafeína, que provocan una peligrosa hipertensión. Añadamos que Morell también le hace tomar cada día «entre veinte y treinta píldoras del doctor Koester para la flatulencia, compuestas por belladona y 0.00036 gramos de estricnina pura cada una». Quiere decirse que Hitler consume cada día la décima parte de una dosis mortal de estricnina. En contra de lo que se suele escribir, hay que subrayar por tanto la excelente resistencia física de Hitler. ¿Cómo logra soportar durante tanto tiempo semejante exceso de medicación?

En su libro *Hitler*, el doctor Hans-Dietrich Röhrs escribe: «Durante la guerra, Hitler no envejeció un año cada año, sino cuatro o cinco. Por eso habían aparecido prematuramente la senescencia y cierta esclerosis física». En efecto, Hitler solo tenía cincuenta y seis años cuando se suicidó, a finales de abril de 1945. Añadamos, para no olvidar nada, que el doctor Morell ejerció otras prácticas muy singulares en el cuerpo de su ilustre paciente: sangró con sanguijuelas a Hitler, que comentó con su humor muy particular que podría servir morcilla de su propia sangre a su entorno. El Führer, que no soportaba ni la carne (se había hecho vegetariano) ni la visión de la sangre en un campo de batalla.

Situación militar catastrófica en Berlín

El 15 de abril de 1945, el Gran Reich que dos años antes se extendía desde el océano Atlántico hasta el Cáucaso se contrajo hasta quedar reducido a un estrecho corredor de entre ciento cincuenta y doscientos kilómetros de ancho en el corazón mismo de Alemania. Cuando al menos dos millones de rusos asaltan Berlín, defendido por menos de 500000 hombres —una parte de los cuales son soldados de la Volkssturm, demasiado jóvenes o demasiado viejos y, sobre todo, insuficientemente armados—, los Aliados occidentales acaban de apoderarse del Ruhr, defendido por el general Model, que capituló con 350 000 hombres.

En su búnker de la Wilhelmstrasse, Hitler ve llegar de improviso a Eva Braun, aunque le tenía prohibido reunirse con él. ¿Cómo va a concebir esta mujer, que no dejó de esperar a Hitler toda su vida, su final sin él? Desde la muerte súbita y misteriosa, en septiembre de 1931, de Geli Raubal (la sobrina de Hitler), fue la única mujer en la trayectoria del Führer. Decidida a morir con su gran hombre, quiere imponer su *tempo* coronando, con un matrimonio trágico, la aventura sangrienta y wagneriana del Tercer Reich. A pesar de su limitado espíritu crítico, sabe bien que en ese momento decisivo su amante ya no puede negarle nada.

Goebbels es el único que presiona al Führer para que se quede en Berlín. El ministro de Educación Popular y Propaganda del Reich no rechaza en modo alguno el final apocalíptico que se avecina con la caída de la capital. ¡Que esos dos o tres millones de berlineses que ya no defienden a su Führer se vayan al infierno!, piensa. Y hasta logra vomitar órdenes de destrucción masiva contra todos aquellos que osen enarbolar una bandera blanca en las ventanas.

Sin embargo, a mediados de ese mes de abril de 1945, Hitler no se ha decidido todavía: duda entre quedarse o salir para refugiarse, con el Gobierno, en el reducto de los Alpes bávaros. Captó bien la intención concertada de soviéticos y americanos: reunirse en el Elba cortando Alemania en dos. Pero no será hasta el 25 de abril de 1945 cuando los dos ejércitos efectúen la confluencia en el Elba, en Torgau.

El 20 de abril de 1945, decide quedarse

Hitler instaura entonces, de forma muy teórica, dos zonas de defensa: la del noroeste, confiada al almirante Dönitz, y la del sudeste a un tal mariscal Kesselring, mermado por las secuelas de su accidente de coche ocurrido en octubre de 1944. Así pues, el dictador no abandonó del todo la idea de huir hacia el sur y continuar desde allí el combate. Anuncia una evacuación total del búnker. Pero el 20 de abril de 1945, el día de su cincuenta y seis cumpleaños, en presencia de un gran número de jerarcas nazis, anuncia su retractación. Se quedará en Berlín. Göring, Himmler, Goebbels, Bormann, Ribbentrop y Speer, pero también los jefes de la Wehrmacht (Keitel, Jodl y Krebs), de la Luftwaffe (Koller) y de la Kriegsmarine (Dönitz) se quedan estupefactos. Sin embargo, no ahorraron esfuerzos para empujarlo a dejar Berlín, y de este modo salvarse con él. Y subrayaron que, en el plazo de cuarenta y ocho horas, es probable que los soviéticos corten la última vía de evacuación de la capital. Todos se esfuerzan en hacer que Hitler se retracte de su decisión. Entonces, con una calma impresionante, Hitler declara que Berlín será el cementerio de los rusos. Sabemos que, en un aparte, dirigiéndose a Koller, el jefe de Estado Mayor adjunto de la Luftwaffe, Jodl, el jefe de Estado Mayor del OKW (*Oberkommando der Wehrmacht*), le dijo:

> Hitler decidió quedarse en Berlín para asegurar hasta el final la defensa de la capital. Después, cuando llegara el momento, se suicidaría. Era incapaz, por razones físicas, de participar en la batalla y además no lo deseaba pues no podía correr el riesgo de caer en manos enemigas.

NO EXISTE YA UN EJÉRCITO ESTRUCTURADO PARA DEFENDER BERLÍN

El 21 de abril de 1945, Hitler ordena al ejército del general de las SS Steiner que lleve a cabo una contraofensiva en el sur de Berlín. Lo amenaza con la ejecución si fracasa, al igual que a todos sus oficiales. Pero al día siguiente comprueba que no se produjo ningún movimiento. Y es que, para llevar a cabo un contraataque, primero hay que reagrupar las tropas y abandonar emplazamientos ya amenazados. Es imposible, en el catastrófico estado de las posiciones alemanas. ¡Y además cuando el ejército de Steiner solo existe como fuerza organizada sobre el papel!

Entonces, durante cerca de tres horas, Hitler estalla de ira, perdiendo completamente el control de sí mismo. Acusa a todos los que lo rodean —sus últimos fieles— de traición y cobardía. Los maldice y confirma su decisión irrevocable de morir en el búnker. Este es al menos el testimonio de uno de los más grandes criminales de guerra nazis, el general Gottlob Berger, verdugo de Ucrania y jefe de la Oficina Principal de las SS. Sin embargo, Hitler no exige el sacrificio de quienes están a su lado. Incluso dejó que se fueran, durante el día 21 o la noche del 21 al 22, tanto Göring como Himmler e incluso Dönitz (al que designará su sucesor). A pesar de las llamadas telefónicas de Göring y de Himmler realizadas el día 22, ordena que se anuncie en la radio su decisión de permanecer en Berlín. Pero ¿quién lo escucha todavía? Hitler perdió hasta la voluntad de combatir. Sin embargo, los mariscales Schörner en Checoslovaquia y Kesselring en Italia no han capitulado aún y disponen de tropas importantes. En un gesto teatral, Hitler decide, ese 21 de abril, comenzar a quemar sus archivos. ¡Un signo de capitulación mental! Y pide a Goebbels y a su esposa Martha que se queden en el búnker con sus seis hijos, porque su residencia de la Wilhelmplatz, dentro del Ministerio de Propaganda, fue destruida en parte por los bombardeos.

Del 22 al 24 de abril de 1945, Hitler permite la salida de varias personas cercanas, entre ellas su médico, Theodor Morell, y su ayuda de campo, Julius Schaub, pero también a los jefes del OKW, Keitel y Jodl, prueba definitiva de que ya no piensa en luchar. Les ordena que vayan a organizar la resistencia en el sur.

La noche del 22 de abril de 1945 Hitler recuperó la calma. Sin duda comprueba su incapacidad para dirigir cualquier resistencia. Pero mantiene dentro de sí mismo suficiente odio para ocuparse de la suerte de sus enemigos. Y así, ordena a Gottlob Berger que se traslade al Tirol austriaco tanto al excanciller de Austria, Schuschnigg, como al exministro de Finanzas, Schacht, y finalmente al exjefe de Estado Mayor adjunto del Ejército de Tierra, el general Halder, acusado sin pruebas de complicidad en el asunto de la conspiración del 20 julio de 1944. El 24 de abril, elementos de la Wehrmacht liberan a Halder de sus carceleros de las SS. En cuanto a Schuschnigg y Schacht, internados en un campo de concentración, son liberados por los Aliados y se libran, sobre todo en el caso del primero, de una orden de ejecución.

Sin embargo, un arrebato de ira se adueña de nuevo de Hitler cuando Gottlob Berger le informa que se están desarrollando intentos «separatistas», es decir, antinazis, tanto en Baviera como en Austria. Esta vez, ordena a gritos que fusilen a todos, sin saber a ciencia cierta de quién se trata.

VIDA DIFÍCIL DENTRO DEL BÚNKER

Imaginemos el búnker de Hitler (ahora es posible visitar en Berlín una reconstrucción parcial; el verdadero búnker fue destruido por los soviéticos a finales de 1947), construido en 1936 y en 1943, un cubo de concreto enterrado a quince metros bajo tierra, formado por dos niveles unidos por escaleras y distribuido en una treintena de habitaciones de dimensiones variables. Los techos poseen un grosor de tres metros de concreto y los muros tienen una anchura aproximada de dos metros. El primer búnker, el *Vorbunker*, situado bajo el jardín de la nueva cancillería, data por tanto de 1936, y el segundo, el *Führerbunker*, situado en la parte trasera de la nueva cancillería, se edificó en 1943. Este es el universo en el que Hitler se desenvuelve desde el 16 de enero de 1945 y que constituye su cuartel general. El Führer sale muy poco al jardín de la nueva cancillería, lo justo para llenar los pulmones de un poco de aire fresco. Vive sumergido en este universo casi virtual, aislado del mundo, aunque durante el día el búnker, como una colmena, está muy animado. A veces se celebran conferencias en el exterior, en el ala salvada de la cancillería. Pero no las últimas semanas de abril, cuando los disparos soviéticos están cada vez más cerca. En efecto, desde los primeros días del mes de abril se oyen a lo lejos las salvas de la artillería soviética, se sienten las ondas de choque causadas por las explosiones de las bombas lanzadas por la aviación enemiga. Hasta el 25 de abril el búnker sigue estando fuera del alcance de los artilleros soviéticos, pero no de los bombardeos aéreos de los Iliushin, los Yakovlev, los Sukhoi y los Arkhangelski. La atmósfera en el corazón del búnker se resiente. Todos los colaboradores permanentes del Führer están ahora prisioneros de un entorno hostil. Y además este último refugio está cada vez más contaminado, pues el acondicionamiento del aire está cada vez menos asegurado por los ventiladores eléctricos. El aire está saturado de carbono y los muros rezuman la humedad provocada por la proximidad del río Spree.

Hitler se instaló con Eva Braun en el piso inferior, que está partido en dos por un ancho pasillo que hace las veces de sala de conferencias. A un lado, un departamento de seis habitaciones, puesto a disposición del dictador y su amante, lindando con una pequeña sala que se utiliza para conversaciones con el dictador. Al otro las recámaras de Joseph Goebbels y del doctor Stumpfegger, miembro de las SS y médico personal del Führer, así como dependencias técnicas que albergan la central eléctrica (un generador diésel), el dispositivo de ventilación, el bombeo del agua de un pozo, la centralita telefónica. El télex y el aparato de radio militar disponen de una antena exterior. La numerosa familia Goebbels (los seis niños y su madre) se aloja en el piso superior, al igual que el personal de servicio. Se habilitaron cuatro cocinas, una especialmente dedicada al régimen especial de Hitler. Una despensa y un comedor completan la instalación. En cuanto a los colaboradores, se alojan en las inmediaciones del búnker. Entre ellos, Martin Bormann, secretario particular de Hitler, el Estado Mayor y hombres de guardia bajo el mando del SS Mohnke.

Hitler, cuyo pésimo estado de salud es conocido, tiene cada vez más dificultades para dormir. Parece un anciano, con los hombros encorvados, las manos temblorosas, el paso renqueante. En cuanto al rostro, se volvió blanco como la ceniza. Los ojos están inyectados en sangre y la saliva rezuma por las comisuras de la boca. Aquel vegetariano come con moderación, salvo en el desayuno, en el que devora pasteles y bombones. Cena tarde, nunca antes de las 21:00. Y ahora consume alcoholes fuertes. Es cierto que bebe té en grandes cantidades, pero también mucho coñac y aguardiente.

Apenas hay ya dos cosas que lo reconfortan. La primera, jugar con su perra Blondi y los cachorros que acaba de parir. Además, bautizó a uno de ellos como Wolf, su viejo apodo, y lo cría solo. Y después, por supuesto, la contemplación de los cuadros particulares que mandó colgar en las paredes, entre ellos, por encima de todos los demás, el retrato de Federico II. Y piensa en el destino del gran hombre que se salvó de milagro después de las derrotas de la guerra de los Siete Años. Cercado, como hoy Hitler, en Berlín, por fuerzas austrorrusas muy superiores, lo salvó a principios de enero de 1762 la muerte de la zarina Isabel. Su sucesor, el zar Pedro III, deseaba establecer la paz con aquella Prusia por la que sentía una profunda admiración. «No podría yo tener la misma suerte con la muerte de Roosevelt», piensa el dictador, mirando fijamente con sus ojos llenos de esperanza la dura figura del gran rey de Prusia.

El entorno último de Hitler comprende perfectamente que toda esperanza ha muerto y que el tiempo se acaba. Habrá que decidirse, una vez desaparecido el Führer, ya sea quitándose la vida para evitar la sanción por los crímenes cometidos, ya sea intentando huir de noche a través de un Berlín en gran medida en manos de los soviéticos. Están el abominable doctor Stumpfegger, un criminal que llevó a cabo experimentos médicos con los deportados en Ravensbrück, y también Martin Bormann, Artur Axmann (el último jefe de las Juventudes Hitlerianas), los generales Krebs (nombrado jefe de Estado Mayor adjunto el 1 de abril de 1945) y Burgdorf,* Goebbels y su familia, y Eva Braun, naturalmente. Y también el personal auxiliar como las dos secretarias del Führer, Frauen Christian y Junge, la enfermera Erna Flegel, el oficial de ordenanza Heinz Linge, el chofer Kempka, la cocinera Manziarly, sin olvidar al ayudante de campo, un SS, Otto Günsche. Todas y todos se alojan en el *Vorbunker*, en compañía de algunos hombres de guardia que disponen de dos habitaciones. Solo Axmann y los dos generales no se quedan allí por la noche.

Durante todo el día, el búnker bulle con el incesante ballet de los jerarcas que acuden a entrevistarse con Hitler y sus acólitos, además de un gran número de guardias de las SS, oficiales de enlace, ayudas de campo. Pero, al caer la noche, después de la cena del Führer, no todo vuelve a estar en silencio, pues Hitler convoca conferencias que a veces duran hasta las cinco de la mañana. Solo después, durante unas horas, vuelve la calma que deja a los escasos dirigentes nazis que duermen allí, los Hitler y los Goebbels, ante sí mismos.

La cita con Speer

Desde que Rudolf Hess desapareció, el 10 de mayo de 1941 hacia las 23:00, el Führer perdió a su único amigo, un hombre que sin duda se sacrificó por él intentando, mediante un vuelo

---

* Véase su papel en la ejecución de Rommel en el capítulo 1, pp. 52 ss.

audaz, encontrar un acuerdo de paz separado con los británicos, como se verá en el capítulo que le dedicamos. Sin duda Hitler mantiene una relación de proximidad y gran confianza con un segundo personaje, Albert Speer, su arquitecto. Han trabajado conjuntamente en el gran proyecto arquitectónico del Reich, no solo para la capital sino también para otras grandes ciudades alemanas. Speer, asociado a los sueños grandiosos del Führer, debía dotar al nuevo Reich de una arquitectura a su medida. Es nombrado arquitecto jefe del NSDAP, situado al frente de la Oficina Principal de la Construcción y bajo la autoridad directa de Hess. De ese modo están juntos los dos únicos amigos del dictador. Se encomiendan inmensos proyectos a Speer, que intenta teatralizar el genio artístico alemán como para simbolizar el glorioso pasado germánico. El gigantismo es una de las características de la arquitectura nazi concebida por Speer. Es decir, Hitler y su arquitecto pasan muchos días juntos, a lo largo de la década de 1930, concibiendo las ciudades ideales del nazismo.

La obra de Speer se extenderá desde el estrado del Zeppelinfeld (donde se celebrarán los grandes eventos del régimen) hasta el Deutsches Stadion y el Märzfeld de Núremberg, pasando por el pabellón alemán para la Exposición Universal de París de 1937, hasta las construcciones desmesuradas de Berlín (rebautizado «Germania»). Y así, en apenas nueve meses, construye la nueva cancillería y su galería de los mármoles, de 146 metros de largo, claramente inspirada en la Galería de los Espejos de Versalles, pero el doble de larga. Esto habla de las cualidades de organizador sin igual de Speer, que logra la hazaña de construir la nueva cancillería en el mismo emplazamiento que la precedente sin entorpecer la continuidad de su funcionamiento diario.

Estas cualidades no le pasan desapercibidas a Hitler. Se acordará de ellas. Así, después de la muerte de Fritz Todt el 8 de febrero de 1942, y cuando el Reich encuentra sus primeras dificultades militares y su producción de armamento no asegura la satisfacción de sus crecientes necesidades, nombra inmediatamente a Speer ministro de Armamento y Producción de Guerra. A pesar de la enemistad flagrante que le opone tanto a Göring, segundo personaje del Estado, como a Sauckel, el hombre que abastece de mano de obra a las fábricas, Speer logra reorganizar, gracias al apoyo de Hitler, la producción militar. Sabe enterrar las fábricas, recuperar las materias primas que faltan (especialmente de los bombarderos aliados abatidos), especializar las unidades productivas por sistemas de armas, apoyarse en expertos mucho más jóvenes y, por último, conceder autonomía para tomar decisiones a los directores de fábrica en los que confía. Al frente del Comité de Planificación Central, se convierte en un director de orquesta eficaz. A principios de 1944 no le faltan aviones al Reich, sino pilotos, ni submarinos sino sus tripulantes, ni tanques sino los tanquistas.

Por eso Hitler salvará a un Speer a quien tanto debe, aunque el hombre ya no goza de su favor desde el complot fracasado de julio de 1944, en el que, sin embargo, no participó en absoluto. Y eso lo sabe muy bien Hitler. Pero ese 23 de abril de 1945, Speer, asumiendo grandes riesgos, viene a hacer su visita de despedida a Hitler en su búnker. No le falta sangre fría ya que, procedente de Hamburgo, aterrizó con su Piper Cub en la avenida que atraviesa el Tiergarten, en las inmediaciones de esa cancillería que tan bien conoce y bajo la cual se oculta el búnker del Führer. Speer está decidido a confesar a Hitler que desobedeció. No, no ordenó destruir las fábricas del Reich, como el dictador le había ordenado, pues piensa en el futuro industrial de Alemania. Sí, piensa que hay que poner fin a las hostilidades y detener la vana masacre del pueblo y del ejército en un combate inútil y perdido de antemano. Durante su juicio en Núremberg, incluso pretenderá haber concebido un plan para eliminar a Hitler propagando un gas asfixiante a través del sistema de ventilación del búnker. Pero, según sus declaraciones, el 23 de marzo observó que estaba protegido por una chimenea de cinco metros y renunció. Lo cierto es que Speer no tiene ni mucho menos la certeza de que vaya a salir vivo del búnker. Sin embargo, el Führer lo recibe sin ira. No lo culpa, no manda que lo arresten. Sin duda Hitler siempre se sintió seducido por aquel hombre todavía joven, de unos cuarenta años. Le repite lo que ya les dijo a Jodl y a Keitel: «Pondré fin a mis días en el búnker y mi cuerpo se incinerará para evitar que caiga en manos del enemigo». Sin embargo, poco antes de irse, en las primeras horas del 24 de abril, Speer asistirá a una nueva explosión de cólera de Hitler.

La «traición» de Göring

Al salir del búnker, Göring, en compañía de su mujer y su hija, se dirige, a bordo de un tren especial cargado de obras de arte que no dejó sin saquear, hacia Berchtesgaden, en Baviera. Piensa instalarse en la residencia secundaria de Hitler, en Berghof. Se queda estupefacto al enterarse de que el Führer abandonó toda voluntad de resistencia e incluso de dirigir el Ejército. Pero quiere una confirmación de esta información que no se corresponde mucho con el carácter del personaje. Y así, cuando Karl Koller, jefe de Estado Mayor adjunto de la Luftwaffe, se reúne con él en pleno día (después de haber pilotado un avión de caza desde Berlín hasta el aeropuerto de Múnich, al que llega hacia las cinco de la mañana del 23 de abril) y se lo confirma, decide actuar.

El Führer está decidido a suicidarse, por lo que hay que impedir a toda costa que el mediocre Bormann asuma su sucesión. El número dos del régimen considera que él es el único que puede erigirse en el último recurso del Reich. Solo él, se imagina, aún puede dialogar con los americanos. Además, quiere sin duda ponerse en contacto directamente con el comandante supremo aliado Eisenhower para proponerle una paz separada. Se vería bien ocupando el puesto de ministro de

Asuntos Exteriores en el Gobierno alemán que se establecería entonces. No tiene la menor conciencia de la voluntad de los americanos de aplicar el AMGOT (Gobierno Militar Aliado de los Territorios Ocupados), es decir, la administración directa, y menos aún del odio que invadió a los Aliados hacia los nazis desde el descubrimiento de los campos de exterminio. Por tanto, con toda la buena fe y para salvar lo que aún le sea posible, decide informar a Hitler de sus intenciones y le pide que confirme la aplicación del decreto de junio de 1941 que le designa su sucesor. Y así, la noche del 23 de abril telegrafía un mensaje debidamente sopesado en los términos siguientes:

> *Mein Führer*, ante su decisión de permanecer en su puesto en la fortaleza de Berlín, ¿está de acuerdo [en] que yo asuma inmediatamente la dirección del Reich con plenos poderes, tanto en el interior como con respecto al extranjero, de conformidad con su decreto? [...] En caso de no haber recibido respuesta a las 22:00 de esta noche, entraré de oficio en funciones, considerando que usted perdió su libertad de acción. [...] Actuaré luego del mejor modo posible para nuestro país y para nuestro pueblo. Sabe lo que siento por usted en el momento más grave de mi vida.

Un mensaje en términos generales perfectamente leal, dadas las circunstancias.

Sin embargo, el telegrama de Göring cae primero en manos de Bormann que, con la intención de eliminar a un rival, clama inmediatamente por la traición. Y exige a Hitler la pena de muerte. Speer, que aún está presente, describe la escena de un Hitler que ya no se domina. Trata a Göring de «drogado, pervertido, fracasado, ser corrupto», pero añade de forma un tanto desengañada: «Claro que puede negociar la capitulación, en realidad no importa quién lo haga». Entonces, Speer, que ha asistido a esta escena delirante de lucha por un poder que ya no existe, se apresura a irse del búnker. Hitler redacta un telegrama en el que acusa a Göring de alta traición y lo condena a la pena de muerte. Después, echándose atrás, a causa de los servicios prestados, consiente en no tomar medidas contra él a condición de que renuncie de inmediato a todas sus funciones. Le concreta que solo tiene que responder sí o no. Sin embargo, Bormann, por propia iniciativa, ordena a la guardia de las SS de Berchtesgaden que arreste a Göring y su Estado Mayor. El 24 de abril por la mañana, Göring es arrojado con los suyos a un sótano de Berghof y después trasladado a un refugio antiaéreo oscuro, húmedo y frío. Lo tendrán encerrado durante cuatro días y después lo llevarán al castillo austriaco de Mauterndorf. Allí se entera, el 1 de mayo de 1945, del suicidio de Hitler y del nombramiento de su sucesor, el almirante Dönitz. Su única reacción apenas requiere comentarios: «Le fui fiel hasta al final».

La increíble proeza de Hanna Reitsch

El 26 de abril, mientras los primeros proyectiles de la artillería soviética caen en las calles que rodean el búnker, Hitler convoca al general del Ejército del Aire Robert von Greim. Quiere, en efecto, anunciarle que lo nombra jefe de la Luftwaffe en lugar de Hermann Göring. Sin embargo, el aterrizaje en el corazón de Berlín no es tarea fácil. Es necesario todo el talento de la aviadora Hanna Reitsch a bordo de su Fieseler Fi 156 para lograr llevar también a buen puerto al general Von Greim, que además es su amante. El avión recibe el fuego de las baterías antiaéreas rusas y el general resulta herido en un pie. A su llegada al búnker, Von Greim es conducido a la enfermería y, mientras se le dispensan cuidados, Hitler deja que su furor estalle de nuevo contra su antiguo número dos. Sus palabras, transmitidas por Reitsch (que después de la guerra tendrá una brillante carrera de piloto) y Von Greim (que se suicidará el 24 de mayo de 1945 para evitar ser entregado a los soviéticos) son las siguientes:

> Traicionó y abandonó a mi persona y a su patria. A mis espaldas, entabló contacto con el enemigo dando de ese modo prueba de cobardía. Se volvió a poner a salvo en Berchtesgaden en contra de mi voluntad [lo que no es exacto]. [...] Me envió un telegrama que faltaba al respeto [lo que es falso]. ¡Era un ultimátum! ¡Totalmente, un ultimátum! Ahora ya no me queda nada. No me libraré de nada. No se respeta ningún juramento. Habré conocido todas las decepciones, todas las traiciones. ¡Y ahora viene lo peor! No, no me queda nada. Lo sufrí todo.

Sin embargo, ese 26 de abril de 1945, Hitler parece haber recuperado cierto optimismo. Como cinco días antes esperaba el contraataque de Steiner, esta vez cuenta con el XII Ejército del general Wenck, pero también con las fuerzas del general Heinrici, nombrado recientemente jefe de la defensa de Berlín. Pero Wenck (que logra liberar del cerco al IX Ejército de Busse) decide avanzar hacia el oeste para salvar a las masas de civiles a los que protegen sus tropas. En cuanto a Heinrici, muy mal tratado por Hitler (ocho meses de descanso impuestos en 1944), se esfuerza, después de haberse negado a destruir por completo Berlín ante la avalancha soviética, en llegar a las líneas americanas con sus soldados. En cuanto al llamamiento desesperado lanzado por Hitler al mariscal Schörner, jefe del Grupo de Ejércitos Centro, que está cercado con sus 500 000 hombres en Checoslovaquia, no puede lamentablemente encontrar el menor eco.

Esa noche del 26 al 27 de abril de 1945, Hitler debe de observar sin duda que los restos de los ejércitos alemanes no han podido hacer nada. Por primera vez, los proyectiles rusos apuntan directamente a la nueva cancillería y al búnker. Sin embargo, hace falta algo más para que Hanna Reitsch se deje impresionar. A sus treinta y tres años, en medio de las explosiones cuyo ruido sordo se oye, suplica al dictador que huya para continuar el combate. Hitler le responde:

> No, Hanna, si muero es por el honor de la patria. Como soldado, me debo a obedecer mi orden de defender Berlín hasta el final. [...] Cuando comenzó el cerco de la ciudad, creía que quedándome en mi puesto daría ejemplo a todos los ejércitos de tierra y que vendrían en auxilio de la ciudad. [...] Mi querida Hanna, no he perdido la esperanza. El ejército del general Wenck llega desde el sur. Tiene que rechazar a los rusos para salvar a nuestro pueblo.

Por tanto, Hitler sigue creyendo en la existencia de unos ejércitos desaparecidos o al menos aparenta creerlo. Porque, casi de inmediato, tiende una cápsula de cianuro a Hanna Reitsch y le dice:

> Hanna, usted forma parte de los que morirán conmigo: cada uno de nosotros dispone de la misma cápsula. No quiero que nadie caiga vivo en manos de los rusos y deseo que no encuentren mi cuerpo. A Eva y a mí nos incinerarán. ¡Decida usted el final!

Hitler piensa ya en Dönitz como sucesor

El almirante Dönitz dispone, en el norte de Berlín, en su cuartel general de Bernau, en el campo de Koralle, de dos grandes refugios muy bien acondicionados. Sin embargo, cuando comprueba que los soviéticos llegan al Oder, a finales de enero de 1945, el almirante envía a lo esencial de su Estado Mayor al norte de Alemania. Él mismo, en compañía de algunos allegados, especialmente del almirante Wagner (su consejero particular) y dos especialistas en navíos de superficie y submarinos, se acerca al búnker de Hitler y se instala en un tren especial, el

Auerhahn. Pero comprende enseguida que sus conexiones son difíciles y se traslada a Koralle, donde dispone de búnkeres protectores. Sin embargo, los rusos se acercan al gran suburbio de Bernau. Entonces Dönitz decide instalarse en el propio Berlín, en Dahlem, en el sudoeste. El 21 de abril, Dönitz se dirige al búnker de Hitler por última vez.

Walter Lüdde-Neurath dio testimonio de numerosos encuentros entre el Führer y el almirante durante los cuatro primeros meses del año 1945. Al menos tres veces por semana hasta mediados de abril, y después todos los días durante la tercera semana del mes de abril. Ese 21 de abril, una orden de Hitler obliga a Dönitz a salir de Berlín. Hitler no quiere arrastrarlo en su suicidio. Sin duda piensa ya en el almirante como su sucesor. Pero exige a Dönitz refuerzos de la Kriegsmarine. El almirante promete 9000 hombres, que será incapaz de reunir, aunque Hitler, recordemos, le confió la defensa del frente norte-oeste. Así pues, Dönitz abandona Dahlem hacia las dos de la madrugada del 22 de abril con destino a la ciudad de Plön, en Schleswig-Holstein, en el extremo septentrional de Alemania, cerca de la frontera danesa. Llega allí a altas horas de la noche y se ponen a su disposición dos campamentos de barracones, dotados de conexiones de radio e hilo todavía en funcionamiento. Como Dönitz no cumplió su promesa de enviar tropas de marina para liberar el búnker, Hitler le retira el mando del frente norte-oeste y se lo confía al OKW, replegado con Keitel y Jodl en Rheinsberg, a setenta y cinco kilómetros al norte de Berlín. Pero no le retira su confianza. A Hitler ya solo le queda una contradicción. Considera fundamentalmente que Himmler, que no es militar, es incapaz de dirigir el país en un contexto de guerra intensiva.

Sin duda tiene razón, pues Dönitz no permanece inactivo: el 24 de abril reúne a los *Gauleiters* de su región septentrional para incitarlos a batirse hasta el final. Es cierto que se trata de una postura muy teórica, ya que en todos los frentes la Wehrmacht retrocede en el mayor de los desórdenes, cuando no se rinde.

Dönitz continúa dando muestra de una gran fidelidad a Hitler. Así, durante el día 26 de abril de 1945, hace que se adopte una decisión casi criminal: la de enviar al frente a la promoción en curso de aspirantes a submarinistas después de solo catorce días de formación. Afortunadamente, su Estado Mayor, desencajado, al igual que la totalidad de comandantes de los submarinos sobrevivientes, se opone. Dönitz, cuestionado, tiene que renunciar. Recordemos que, por otro lado, en el frente norte-oeste, Dönitz no deja de ordenar que se apliquen las leyes del Reich, es decir que se fusile a todos los desertores arrestados.

La traición de Himmler y la ejecución de Fegelein

Por más que Bormann hace todo lo posible por activar a Dönitz a través del telégrafo recordándole su promesa de enviar tropas de marina, nada llega: han sido dispersadas.

La noticia de la traición de Himmler ya se filtró durante la tarde del 28 de abril. Y es que, al no disponer ya el búnker de conexión de radio, todas las noticias del mundo exterior proceden del Ministerio de Educación y Propaganda del Reich a cargo de Goebbels, situado en la Wilhelmplatz, cerca de la nueva cancillería. Hacia las 20:00, el Ministerio capta una emisión de la BBC y un despacho de confirmación de la agencia Reuters procedente de Estocolmo. Los dos confirman la impactante noticia de la tarde. Inmediatamente, Goebbels envía al búnker a uno de sus colaboradores, el jefe de la secretaría de prensa, Heinz Lorenz, para que lleve un mensaje tanto a Hitler como al ministro Goebbels. Su contenido es claro: Himmler inició negociaciones secretas con los Aliados a través del sueco Folke Bernadotte, conde de Wisborg, e incluso propuso la capitulación de los ejércitos alemanes del frente occidental a

Eisenhower. Esta última información es falsa. Todo el resto es incompleto pero exacto.

Porque, en efecto, impulsado por el joven e implacable SS Schellenberg, de treinta y cinco años, ascendido a jefe de la Abwehr (los servicios secretos del Ejército) tras la eliminación del almirante Canaris, el *Reichsführer*-SS mantuvo varios tratos. Schellenberg le demostró que la guerra está perdida y Himmler intenta ganarse a la Cruz Roja sueca prometiendo la liberación de estudiantes noruegos y policías daneses. Después, se esfuerza por reconciliarse con los judíos, él, que fue el gran jefe de la Solución Final. Y no pretende destruir los campos de concentración como le ordenó Hitler. Es demasiado tarde, salvo para borrar las huellas más inculpatorias, como las cámaras de gas. Más sutil, piensa en liberar a judíos para ablandar a los Aliados, por lo que organizará tres contactos con el conde Bernadotte, representante oficial de la Cruz Roja sueca: del 17 al 21 de febrero de 1945, del 6 al 8 de marzo y, por última vez, la noche del 23 al 24 de abril, en el consulado de Suecia en Lübeck. De hecho, los tratos con el conde Bernadotte estuvieron precedidos, en el otoño de 1944, de contactos con Jean-Marie Musy, expresidente de la Confederación Helvética, para evacuar hacia Suiza a un millón de judíos a cambio de 10 000 camiones. La transacción fracasó. Finalmente, 1368 judíos serán liberados a principios de diciembre de 1944. También se urden contactos entre el Comité International de la Cruz Roja (CICR) y altos responsables nazis —especialmente los SS Berndorff (Gestapo) y Glücks (Administración de Campos)— para el envío de medicamentos y paquetes a los detenidos. A principios de febrero de 1945, unos mil doscientos judíos son liberados de Theresienstadt. Y así, del 17 al 21 de febrero, el conde Bernadotte se entrevista durante varios días con jerarcas nazis, en particular el enviado especial de Himmler, su masajista, Felix Kersten (el protagonista del famoso libro de Joseph Kessel *Manos milagrosas*, un personaje hoy controvertido). Sin duda incluso mantiene un breve contacto con el

Reichsführer. Se trata de reagrupar a todos los presos escandinavos en el campo de Neuengamme. Del 6 al 8 de marzo, Himmler y Bernadotte se entrevistan, esta vez en persona, y se lleva a cabo una acción de salvamento, por un centenar de vehículos, a partir del 15 de ese mes, siempre para favorecer el reagrupamiento de los prisioneros escandinavos. Estos detenidos se benefician de un trato especialmente favorable. Por otra parte, Himmler y Kersten se comprometen a preservar los campos y a no matar a ningún judío. El 21 de abril, Himmler incluso se reunirá con Masur, el representante del Congreso Judío Mundial.

Así pues, hace seis meses que Himmler discute a espaldas de Hitler, con la bendición de Kaltenbrunner (jefe de la RSHA, principal organismo de represión del Reich) y de Ribbentrop (ministro de Asuntos Exteriores), sin que nadie lo sepa en el entorno más cercano de Hitler. A menos que... A pesar del montón de crímenes de los que es culpable como jefe supremo de las SS y de los campos de la muerte, Himmler está muy confiado. Y se imagina indispensable para la implantación de un nuevo poder, una vez obtenida la capitulación. Entonces decide jugarse el todo por el todo y mantiene una última entrevista con el conde Bernadotte el 24 de abril de 1945, en el consulado de Suecia en Lübeck. Le anuncia que Hitler probablemente esté ya muerto, que el Reich está derrotado, que él está dispuesto a capitular en el frente occidental para favorecer el avance de las tropas anglo-americanas y limitar la invasión soviética de los territorios alemanes. Bernadotte, sin dejar muchas esperanzas a su interlocutor sobre la posibilidad de firmar una paz separada, acepta transmitir todas estas propuestas a su ministro de Asuntos Exteriores. Pero pone una condición: la inclusión de Noruega y Dinamarca en la zona que los alemanes entreguen a los Aliados. Bernadotte parte de inmediato hacia Estocolmo y está de vuelta en Lübeck el 25 de abril, mientras Himmler, durante estos días, se esforzó por constituir un nuevo Gobierno alemán. Bernadotte anuncia a Himmler el fracaso de su misión: los Aliados exigen una capitulación sin condiciones que incluya a los rusos. En ese momento Londres y Washington hacen públicas las propuestas de Himmler. Dos días más tarde, la información se capta en Berlín, en el Ministerio de Propaganda.

Himmler se esfuerza, a partir de ese momento, en vaciar los campos de concentración. Son las célebres marchas hacia la muerte de los desdichados deportados. ¿Qué espera? ¿Ocultar sus crímenes, hacer concesiones a los Aliados, salvar el pellejo de los guardianes y los SS encargados de la administración de los campos? Nadie lo sabe realmente. Y así evacúa a más de 10 000 deportados de los campos de Neuengamme hacia la bahía de Lübeck. Y los hace embarcar a la fuerza en tres navíos. Pero el asunto se transforma en tragedia el 5 de mayo de 1945: la aviación inglesa bombardea por error los navíos en los que los deportados viajan hacinados. Es la mayor tragedia marítima de la historia: cerca de 7500 muertos.

Volvamos al presente en el búnker, aquella noche del 28 de abril. El anuncio de la traición de Himmler produce consternación. Hitler vuelve a perder los estribos, y no es el único. Sin embargo, una primera alerta sobreviene la víspera. El general Hermann Fegelein, oficial de enlace de las SS entre el búnker y Himmler, desapareció. Este antiguo jinete, alistado en las SS, combatió en el frente del este y participó en las matanzas de judíos bielorrusos antes de resultar herido de gravedad. Se integró en la familia del dictador al casarse con Gretl, la hermana de Eva Braun. El 26 de abril, puesto al corriente de los tratos de Himmler y el conde Bernadotte, y probablemente con el deseo de salvar el pellejo, sale del búnker. Hitler no constata su desaparición hasta el día 27. Suspicaz, manda buscarlo en el pequeño perímetro que la Volkssturm sigue controlando en Berlín. El general se refugió simplemente en su domicilio de Charlottenburg, un barrio que los rusos aún no han asaltado. Sin duda tiene la intención de entregarse a los soviéticos, ya que es muy raro que los oficiales alemanes sean maltratados después de su captura. ¿Tal vez advirtió a Eva Braun de sus intenciones? Mientras espera, se emborracha en compañía de su amante. Los hombres de Hitler lo atrapan y lo llevan a la fuerza al búnker, con una maleta llena de billetes y joyas.

Hanna Reitsch, que todavía está presente, asiste al violento arrebato de Hitler tras el anuncio de la traición del *Reichsführer*-SS. Su rostro vira primero al púrpura, afirma la aviadora, antes de que, presa del abatimiento, se quede paralizado con una rigidez atroz. Hitler subraya hasta qué punto la actitud del *Reichsführer*-SS es peor que la del *Reichsführer* (Göring). El segundo mendigó la conformidad del Führer mientras que el primero lo traiciona desde hace meses. Este nuevo acontecimiento refuerza la determinación de poner fin con un suicidio colectivo, cuyos principios ya expuso la noche del 27 de abril a Bormann y Goebbels. Con ellos se encierra entonces Hitler para decidir sobre la eliminación de Himmler de la dirección del Reich. Después, Hitler ordena interrogar a Fegelein. El general, maltratado, sin duda interrogado por Heinrich Müller en persona, el jefe de la Gestapo, parece haber reconocido que estaba informado de los tratos de Himmler. A pesar de las súplicas de Eva Braun, Fegelein, acusado de deserción ante el enemigo y de complicidad en la comisión de delito, es sacado a rastras fuera del búnker y ejecutado sumariamente en el jardín esa noche del 28 de abril.

Sin embargo, Hitler, cada vez más monstruoso, no ha abandonado su deseo de venganza. Convoca a Von Greim y Hanna Reitsch y les pide que salgan de Berlín inmediatamente para arrestar a Himmler. Con la voz temblorosa por el odio, logra vomitar: «Un traidor no debe sucederme. Asegúrense de que no pueda hacerlo». Sin duda aún no es la una de la madrugada de ese 29 de abril de 1945 cuando, escapando a los disparos rusos, Hanna Reitsch logra que su biplaza de observación Fieseler despegue en la gran avenida de Berlín que desemboca en la puerta de Brandeburgo. Solo hay un hombre que aún pueda ejecutar la orden del Führer: Dönitz. Y hacia él dirigen los dos aviadores su aparato. Y, con una audacia poco común, cumplen su misión. La orden de liquidar a Himmler se entrega el 29 de abril a Dönitz, que se replegó a Plön. El gran almirante se niega a ejecutarla. Sin embargo, Hitler lo designó, hacia las cuatro de la madrugada del 29 de abril, su sucesor. Pero él aún no lo sabe.

A pesar de todo, Hitler posee, y así se comprueba, una vitalidad poco común. ¡Ahora se ocupará de su matrimonio!

Eva triunfante

Desde su llegada al búnker, Eva Braun se transformó. ¡Se acabó la reserva habitual! Paso a las palabras bien sentidas. Hanna Reitsch contó que oyó a Eva denunciar a «los cerdos que abandonaron al Führer y a los que habría que diezmar. Todos los demás —añade— son traidores porque no vinieron a morir con Hitler». Esta mujer joven de treinta y tres años ya no tiene miedo a nada, ni siquiera a la muerte. Ese 28 de abril de 1945, los elementos avanzados de la infantería rusa están a menos de dos kilómetros del búnker. Pero Eva Braun persigue ahora un objetivo muy claro: convertirse en la señora Hitler antes de dejar este mundo. Por lo que cuida su apariencia física y su atuendo para honrar y seducir al héroe de su pequeña vida burguesa. Se la oye repetir sin cesar: «¡Pobre Adolf, abandonado por todos, traicionado por todos! Más valdría para Alemania que decenas de miles de personas murieran en su lugar», sin darse cuenta lo más mínimo de que eso es lo que ocurre. Al menos cinco millones de soldados alemanes habrán muerto durante la Segunda Guerra Mundial de los diecinueve millones y medio de movilizados, es decir más del 25%. Si contamos los heridos graves, cerca de diez millones de alemanes se vieron afectados. Una medida objetiva del sufrimiento de la tropa alemana durante la Segunda Guerra Mundial.

La simple empleada que es Eva Braun, titular de un diploma de secretaria mecanógrafa contable, con su inteligencia promedio y su devoción absoluta por el hombre de su vida, ve que llega su hora. A petición suya, Hitler consiente en casarse con ella. ¡Será la señora de Adolf Hitler por unas decenas de horas! En efecto, son más o menos las dos de la madrugada cuando, ese 29 de abril de 1945, Hitler decide unirse a Eva Braun. ¿No se la ocultó al pueblo alemán durante quince años? Sin duda porque deseaba consagrarse en exclusiva a su pueblo y una atadura de esa índole se lo habría impedido. Cuando su vida pende de un hilo, el Führer recompensa de ese modo a su más leal y fiel admiradora.

Se logra encontrar a un concejal berlinés, alistado en la Volkssturm, para celebrar el matrimonio con arreglo a la ley. Goebbels obró ese milagro, y lo hace acudir al búnker. La unión se celebra en la pequeña sala de conferencias del piso inferior. Se encontró intacto el documento del registro civil, que lleva la firma de Hitler y la de «Eva Hitler de soltera Braun» y las de los dos testigos, Bormann y Goebbels. Al término de sus bodas fúnebres, a la recién casada no le quedan más que treinta y ocho horas de vida. Después de la ceremonia, Hitler y Eva se retiran a sus aposentos, acompañados en esta ocasión por sus últimos fieles: Bormann, Goebbels y su esposa Magda, los generales Krebs y Burgdorf, las dos secretarias, los ayudantes de campo, la cocinera. Se descorchan varias botellas de champán y todos brindan mientras degustan unos sándwiches en una atmósfera irreal. Hitler se abre a algunas confidencias en relación con el pasado, los camaradas del NSDAP, la espléndida boda de Goebbels de la que fue testigo. Pero no tarda en volver al presente y habla de su triste suerte, de las múltiples traiciones y de su alivio al poder quitarse la vida.

El testamento de Hitler, el nombramiento de Dönitz y la composición del futuro Gobierno

Definitivamente, esa noche del 28 al 29 de abril de 1945 es muy larga para Hitler. Su noche de bodas no se parece a ninguna otra. A las tres de la madrugada de ese 29 de abril, dejando a su bella Eva, convoca a su secretaria, Frau Traudl Junge, para dictar la primera parte de su testamento. Hitler no muestra en él ningún remordimiento por el absoluto desastre al que condujo a Alemania. Incluso recupera su vehemencia llena de odio de los años de juventud, los que lo vieron dictar a Hess, en su prisión, *Mein Kampf*. Confirma en él sus tesis más infames sobre «los judíos, responsables de todos los males, la derrota de Alemania injustamente privada de sus victorias», y osa afirmar su «voluntad de desarme general» (él, que provocó una guerra en la que han perdido la vida cincuenta y cinco millones de seres humanos) «y el amor a su pueblo» (él, que causó la muerte de seis millones de alemanes). Repite sus argumentos racistas. Hemos decidido recuperar algunos extractos de cierta extensión del testamento porque aclaran el extremismo de un hombre a quien el fracaso absoluto y la proximidad de la muerte no conducen a ninguna introspección.

El testamento comienza así:

> Han pasado más de treinta años desde que, en 1914, hice mi modesta contribución a la causa alemana alistándome para servir en la Primera Guerra Mundial impuesta al Reich [*fueron Austria y Alemania las que declararon la guerra*]. Durante estos tres decenios, solo el amor a mi pueblo y mi fidelidad a él guiaron mis pensamientos, mis actos y mi vida. Me dieron fuerza para tomar las decisiones más difíciles que se hayan impuesto a la elección de un ser humano. Es falso que yo mismo o persona alguna en Alemania deseara la guerra en 1939 [*insoportable mentira*]. Esta guerra fue deseada y exclusivamente provocada por los hombres de Estado internacionales de origen judío o que servían a los in-

tereses judíos [*irrisoria argumentación*]. Yo propuse con excesiva frecuencia el control y la limitación de armamentos [*nueva afirmación absurda*] para que la posteridad pueda ignorarla y pueda imputarme la responsabilidad de haber desencadenado la guerra. Pasarán los siglos, pero de las ruinas de nuestras ciudades y nuestros monumentos brotará eternamente un odio indestructible contra los responsables de estas destrucciones. Y los responsables son estos: la judería internacional y sus adeptos [*se trata aquí de las peores cantinelas nazis*]. Mi propuesta [*de paz*] fue rechazada porque la facción en el poder en Inglaterra quería a toda costa la guerra, en parte por razones comerciales, en parte porque estaba influenciada por la propaganda de la judería internacional [*repetición lamentable*].

Después de seis años de una guerra que, a pesar de sus reveses, un día se inscribirá en la historia como la más gloriosa y la más heroica manifestación del deseo de vivir de una nación, no puedo abandonar la ciudad que es la capital de nuestro país. Quiero compartir la suerte de los millones de seres que decidieron quedarse aquí. Además, no quiero caer en manos de un enemigo que intenta regalarse un nuevo espectáculo, presentado por los judíos, con el único fin de divertir a sus masas histéricas. Por lo tanto, decidí quedarme en Berlín y morir aquí voluntariamente, en el momento en que juzgue imposible asumir durante más tiempo mis funciones de Führer y canciller. Muero con alegría en el corazón, consciente de las extraordinarias hazañas de nuestro pueblo, campesinos y obreros, y de la aportación incomparable que hizo a la historia nuestra juventud que lleva mi nombre. Deseo que no abandonen la lucha, que continúen el combate contra los enemigos de la patria y les doy por ello las gracias a todos. El sacrificio de nuestros soldados y el mío marcarán en la historia de Alemania el comienzo de un renacimiento glorioso del movimiento nacionalsocialista y el comienzo de una verdadera comunidad de naciones [*delirio verbal*]. Exhorto a los jefes del ejército, la marina y la aviación a reforzar por todos los medios posibles la voluntad de resistencia de nuestros soldados en el puro espíritu nacionalsocialista, insistiendo en el hecho de que yo mismo, fundador y creador de este movimiento, prefiero morir antes que

> abdicar cobardemente o capitular [*una alusión apenas velada al hecho de que el Ejército en su conjunto, y especialmente todos esos oficiales superiores que llevan «von» en el apellido, se opusieron a veces a él y no se sacrifican con él*].

Y Hitler continúa, reconociendo la actuación decidida de la Marina por alusión a la que considera menos comprometida del Ejército de Tierra, lo que es completamente falso: Dönitz no fue capaz de alinear un submarino, no solo el 8 de noviembre de 1942 frente a las costas de Argelia y Marruecos, sino también el 6 de junio de 1944 con ocasión del desembarco de Normandía. Continúa la cita:

> Que en el futuro sea una cuestión de honor para los oficiales del Ejército alemán —como ya lo es para los de la Marina— no pensar nunca en la rendición de una ciudad o una región y que, ante todo, los jefes sepan dar el ejemplo más puro cumpliendo con su deber hasta la muerte.

La segunda parte del testamento, también dictada, tiene que ver con el traspaso del poder supremo después de su muerte. El mensaje es nítido: «En el lugar de Göring, nombro al almirante Dönitz presidente del Reich, ministro de la Guerra y comandante en jefe de la Wehrmacht» (lo que significa jefe de los tres ejércitos). Hitler no piensa dejar demasiado espacio político a Dönitz: establece él mismo la lista de ministros sin ninguna concertación. Así, Goebbels es llevado al puesto de canciller, que Hitler acumulaba junto con el de jefe del Estado y jefe de guerra. Sin embargo, su nombramiento es puramente teórico ya que Hitler no ignora que Goebbels está decidido a suicidarse. Martin Bormann es llevado al frente del Partido con rango de ministro, mientras que Asuntos Exteriores se confía a Seyss-Inquart, el comisario del Reich en los Países Bajos ocupados. Hanke, el *Gauleiter* de la Baja Silesia, ocupa el lugar de Himmler, en tanto que Paul Giesler, el ministro-presidente de Baviera, recibe la cartera de Interior. A estos cinco primeros nombramientos, Hitler añade finalmente otros tres: Robert Ley, el jefe del Frente Alemán del Trabajo, conserva su cartera de Construcción Social, mientras que Lutz Schwerin von Krosigk confirma su inamovilidad en el Ministerio de Finanzas. Por último, Karl Saur, el adjunto de Speer, le sustituye al frente del Ministerio de Armamento. En cuanto a Walther Funk, sigue siendo presidente del Reichsbank. Es finalmente el mariscal Schörner quien es ascendido a jefe del Ejército de Tierra.

El ascenso de Karl Dönitz no deja de ser sorprendente. Se explica en primer lugar por la doble traición de Göring y Himmler, cuando los dos *Reichsführer* estaban cualificados naturalmente para la sucesión. También tiene su origen en el compromiso nacionalsocialista del almirante, en sus declaraciones antisemitas, su extrema docilidad, el éxito de la operación Aníbal de evacuación de civiles y militares alemanes de los puertos bálticos, prusianos y pomeranos durante el año 1945 (un éxito, por cierto, que se debió principalmente al contraalmirante Conrad Engelhardt). Su rigor militar, su extremismo (no dudó en sacrificar inútilmente submarinos y tripulaciones en 1945: un submarino de cada dos no vuelve de su primera salida) agradan a Hitler. Además, el Führer prefiere la sumisión al talento. No hay más que ver la destitución en la URSS del excelente mariscal Von Manstein, en marzo de 1944, por negarse a resistir a toda costa y pedir que lo dejen organizar la retirada ordenada del ejército. Mientras, al mismo tiempo, el vencido del Afrikakorps, Rommel, era ascendido a segundo jefe de la inspección de las costas occidentales y más tarde al mando del Grupo de Ejércitos B, es decir, de treinta y nueve divisiones, cuando nunca había dirigido más de ocho o nueve.

He aquí al Tercer Reich dotado de un águila de tres cabezas, con un jefe del Estado que es jefe del Ejército, un canciller y un jefe de la Wehrmacht, además de un Gobierno reducido de ocho titulares. Hitler apenas tiene confianza y quiere dejar recomendaciones al futuro Gobierno:

> Ante todo, recomiendo al Gobierno y al pueblo que mantengan en vigor las leyes raciales y que resistan despiadadamente a ese envenenador de todas las naciones que es el judío.

La perspectiva de su desaparición no hace que Hitler esté menos lleno de odio ni lo vuelve más clarividente. Y el testamento prosigue incansablemente, ocupándose de todos los detalles tanto de su matrimonio como de su suicidio, hasta el reparto de sus bienes. Proseguimos la cita de extractos:

> Aunque durante años de lucha no pude asumir las responsabilidades de un matrimonio, ahora, antes del final de mi vida, decidí tomar por esposa a la mujer que, después de años de fiel amistad, vino a reunirse conmigo en esta ciudad casi cercada con el fin de compartir mi suerte. Entrará en la muerte conmigo, según su propio deseo, como mi legítima esposa. Para nosotros será una compensación por aquello de lo que nos privaron las exigencias de mi misión al servicio de mi pueblo.

¡Es notable que el dictador logre expresar sentimientos humanos! Por último, aborda la transmisión de sus bienes:

> Todo lo que poseo, en la medida en que mis bienes tengan algún valor, pertenece al Partido o, si este ya no existe, al Estado. Si este desaparece a su vez, me lavo las manos [*sic.*]. Los cuadros reunidos por mis cuidados, a lo largo de los años, nunca se compraron con vistas a formarme una colección sino simplemente para formar una galería de pinturas en mi ciudad natal de Linz, en el Danubio. Desde el fondo de mi corazón deseo que así se haga.

Lo cierto es que Hitler, al contrario que Göring, por ejemplo, nunca intentó enriquecerse personalmente. Hitler designa a

Bormann como ejecutor testamentario, con el encargo de devolver a la familia del dictador sus objetos personales, así como de abonar unos ingresos decentes «especialmente a la madre de mi mujer y a mis más fieles colaboradores, y en particular a mis antiguas secretarias, que me ayudaron durante años con su trabajo».

El Führer se centra después en su última voluntad:

> Mi mujer y yo hemos preferido morir para escapar de la vergüenza de una derrota o una capitulación. Deseamos ser incinerados en el mismo lugar donde realicé la mayor parte de mi trabajo durante los doce años que estuve al servicio de mi pueblo.

Deben de ser al menos las cinco de la mañana de ese 29 de abril de 1945 cuando el Führer, agotado por un dictado de cerca de dos horas, vuelve a su habitación y se esfuerza por encontrar allí alguna relajación. Solo le quedan treinta y cuatro horas de vida.

El día 29 de abril de 1945

Hacia las 7:30, al despuntar el alba sobre Berlín, un paisaje apocalíptico se ofrece a los oficiales y los funcionarios que vuelven al búnker. Múltiples incendios estallaron por todas partes, desprendiendo negras humaredas, mientras que el aire está saturado por un verdadero *smog* creado por las explosiones incesantes de los proyectiles rusos. En medio de un ruido infernal, los últimos defensores berlineses se baten con la energía de la desesperación, manteniendo a raya a los soldados soviéticos, que solo avanzaron unos cientos de metros durante el día 28 de abril. Su vanguardia llegó a un kilómetro del búnker.

Todo el mundo sabe ya que Hitler está a punto de suicidarse junto a su nueva esposa y piensa por tanto en su propia protección. Martin Bormann, alentado por Hitler a reunirse con Dönitz, sabe que primero debe transmitir el telegrama de su nombramiento al gran almirante, y después asegurar la cremación del cuerpo de Hitler antes de pensar en huir. Por tanto, en compañía de Goebbels, que decidió morir allí, firma como testigo el testamento de Hitler. Después, con la violencia que lo caracteriza, telegrafía a las SS de Berchtesgaden la orden de ejecutar a Göring y a todo su Estado Mayor en cuanto caiga Berlín, es decir, tras la desaparición de Hitler. En cuanto a Goebbels, está redactando un «Apéndice al testamento de Hitler» cuyo fanatismo no tiene nada que envidiar al del Führer. Parece totalmente decidido a suicidarse, después de Hitler, con su esposa y sus seis hijos (a los que hará asesinar), según el testimonio escrito de su mano que poseemos en este famoso «Apéndice».

Para Bormann y Goebbels lo urgente ahora es hacer llegar la versión en papel del testamento de Hitler al almirante Dönitz y al mariscal Schörner. Y se decide enviarlo por triplicado, llevado por tres hombres. Heinz Lorenz, jefe de la Secretaría de Prensa del Ministerio de Propaganda, y el oficial de las SS Wilhelm Zander deberán reunirse con Dönitz en Plön. Por su parte, el comandante Willi Johannmeir, ayudante de campo de Hitler, tendrá la misión de remitir un tercer ejemplar al mariscal Schörner, que combate en Bohemia.

Bormann añade unas palabras de su mano al testamento:

> Puesto que ninguna división ha logrado llegar hasta nosotros, nuestra posición parece sin esperanza. El Führer dictó esta esta noche el testamento político adjunto.

Los tres mensajeros enviados por Bormann llegarán hasta sus destinatarios, pero después de periodos muy variables.

Sin embargo, Hitler se despertó con el corazón lleno de odio. Decide enviar un mensaje personal a Keitel en el que alaba a la Kriegsmarine y a la Luftwaffe y denuncia la actitud del alto mando de la Wehrmacht. Este es su contenido:

> El pueblo y la Wehrmacht hicieron lo imposible durante esta guerra larga y difícil. El sacrificio fue enorme, pero mucha gente abusó de mi confianza. No me fue concedido conducir a nuestro pueblo a la victoria. Además, no se puede comparar en absoluto el Estado Mayor general del Ejército con el que estaba en activo durante la Primera Guerra Mundial, ya que se mostró muy inferior a los combatientes.

Cuando va a dejar este mundo, Hitler piensa primero en ajustar sus cuentas con esos generales del Ejército de Tierra que intentaron resistírsele para evitar los desastres alemanes, como ante Moscú a finales de 1941, en Túnez a finales de 1942, en Stalingrado a principios de 1943, en la URSS a finales de 1943. Hitler, definitivamente inspirado, añade incluso que él «es el artífice de todas las grandes victorias y el fracaso final se debe a la traición» (la de los generales, se sobreentiende). Y termina su mensaje a Keitel con estas palabras, las últimas que dictará en su vida terrenal, dos frases espantosas que muestran que aquel hombre es incapaz de evolucionar y que el pueblo alemán es muy culpable de haberlo consagrado y después de haberlo seguido ciegamente:

> Los esfuerzos y los sacrificios del pueblo alemán en esta guerra fueron inconmensurables; no puedo pensar que hayan sido en vano. El objetivo permanece: conquistar tierras al Este para el pueblo alemán.

Ahora tiene que encontrar un emisario que lleve este mensaje lleno de odio.

Otra mala noticia sacudirá a los últimos sobrevivientes del búnker. En efecto, hasta la mañana del día 29 Hitler no conoce la noticia de la ejecución de Mussolini y su amante Clara Petacci, que sin embargo data del 25 de abril. La profanación de los cadáveres por la multitud, que después colgó los cuerpos por los pies en el Piazzale Loreto de Milán, reafirman a Hitler en su determinación de suicidarse y de que se incinere después su cuerpo. Ha llegado la hora de preparar activamente la puesta en escena final. El Führer preside al mediodía una reunión dedicada a la evolución de la situación militar. El general Krebs informa que los rusos se acercó aún más al búnker. El general Weidling, el hombre que está al mando de la Volkssturm (unos combatientes en muchos casos mucho mayores) y, también, de la Juventud Hitleriana berlinesa (unos soldados extremadamente jóvenes), ahora fusionadas, informa que los soviéticos llegaron al Ministerio de Aviación y se encuentran, por tanto, cerca de la cancillería, a la que llegarán en veinticuatro o cuarenta y ocho horas. Precisa que a sus tropas comienzan a faltarles las municiones, lo que podría acortar aún más ese plazo. Hitler es perfectamente consciente de la situación desesperada de los últimos defensores. Pero acepta dejar salir a tres jóvenes ayudantes de campo, oficialmente para obtener información sobre los avances del ejército de Wenck, en realidad para salvarlos. Es la primera vez que parece atento a la suerte de la gente que le siguió fiel hasta el final. Concede también al coronel Von Below, su antiguo ayudante de campo (que le sirve desde 1939), una cuarta autorización de salida. Pero no puede evitar confiarle el mensaje vengativo dirigido a Keitel.

Después Hitler decide hacer el vacío a su alrededor. Manda envenenar con cianuro a su querida perra Blondi, así como al perro lobo que Bormann le regaló hace muchos años. Se encarga del trámite el doctor Ludwig Stumpfegger. Convoca a sus dos secretarias: les entrega píldoras de cianuro incorporadas en tubos de lápiz de labios, para que las utilicen antes de que lleguen los rusos. Se disculpa por no poder hacerles más que aquel único regalo y les da las gracias por sus leales servicios. Y ordena a una de ellas que destruya los archivos. Por último, cuando la intensidad de la luz apenas comienza a disminuir, hacia las 19:00, manda que se pase la consigna de que todos los ocupantes del búnker deben permanecer despiertos y que nadie se vaya a acostar sin que él lo ordene. La atmósfera dentro del búnker es cada vez menos sana ya que el sistema de abastecimiento de agua no funciona y provoca una inundación. Así, además del polvo, el olor a orina se extiende por un gran número de dependencias.

El suicidio de Eva y Adolf Hitler

Con esta exigencia de permanecer despiertos, todo el mundo comprende bien que Hitler indica de este modo su deseo de dar un último adiós. Sin embargo, no ocurre nada hasta las 2:00 y las 2:30 de la madrugada del 30 de abril. Entonces, de pronto, el Führer sale de sus aposentos. Ya no tiene nada de líder. Flota dentro de una prenda que ahora le queda demasiado ancha y sus pasos vacilantes son los de un anciano. Cuando entra en el comedor donde permanecen reunidas cerca de una veintena de personas, la mayoría mujeres, les cuesta reconocer al jefe de un Reich que debía durar mil años. Hitler les estrecha las manos, a una tras otra, sin pronunciar palabra. Frau Junge afirma que manifiesta cierta emoción. Inmediatamente después de haber saludado a todo el mundo, Hitler se retira. ¡La presión cae de pronto! Ante la tragedia que les espera a todos, el suicidio de Hitler y después la llegada de los rusos, los últimos sobrevivientes del búnker quieren disfrutar por última vez de la vida. Y entonces el alcohol corre a raudales, se embarcan en bailes endiablados hasta la mañana. Hasta el punto de que Hitler, desquiciado, vendrá a reclamar, en vano, silencio.

Solo el abominable Bormann, una bestia criminal con aspecto de toro, continúa ajustando sus cuentas de pequeño nazi sin dios ni ley que ha dejado demasiado pronto la escuela. Comienza por enviar un nuevo telegrama a Dönitz durante la noche del 29 al 30 de abril de 1945, en el que precisa que el Führer está aún vivo. Su redacción no deja nada al azar:

> Tenemos la impresión cada vez más firme de que las divisiones de la región de Berlín están ociosas desde hace algunos días. Todos los informes que recibimos son controlados, suprimidos o mutilados por Keitel. El Führer le ordena [*lo que es totalmente falso*] que tome de inmediato medidas implacables contra todos los traidores.

Es una manera de ordenar a Dönitz que liquide a Keitel, algo que el gran almirante se guardará mucho de hacer; al contrario, Dönitz llama a Keitel y Jodl a su lado.

La mañana del 30 de abril, Hitler es informado de la situación militar en las inmediaciones del búnker. Los rusos avanzaron una vez más y llegaron hasta la Potsdamer Platz. Están a unos cientos de metros. En cuanto a los bombardeos, tanto de la artillería como de la aviación, también se intensificaron. El Führer almuerza solo hacia las 14:00 ya que Eva Hitler perdió el apetito. Sus dos secretarias acudieron a sentarse a la mesa, mientras la cocinera sirve los platos. Para su última comida, el dictador se contenta con espaguetis y una ensalada de col con uvas pasas. Tras levantarse de la mesa, ordena a su chofer, Kempka, que lleve unos bidones que contengan doscientos litros de gasolina al jardín de la cancillería, justo encima del búnker. Kempka logra encontrar ciento ochenta litros de gasolina y deja los bidones llenos al resguardo de los muros de la salida de emergencia.

La última hora llegó. Hitler busca a su esposa y comienza a despedirse de sus colaboradores: Goebbels, Bormann, los generales Burgdorf y Krebs, la cocinera y las dos secretarias. La joven Junge, que entonces tiene veintidós años, es la última en estrecharle la mano. La ausencia señalada de Magda Goebbels atestigua su negativa a saludar al minotauro que empuja a su esposo a querer sacrificar a sus seis hijos en el altar de la fidelidad.

Entonces, el Führer y su esposa se retiran a su habitación. El Waffen SS Otto Günsche, ayudante de campo personal del dictador, al principio se coloca solo ante la puerta. Después de largos minutos, resuena un primer disparo hacia las 15:20-15:25. Nadie se mueve esperando el segundo. Después de muchas dudas, Bormann y Axmann entran en la dependencia y cierran la puerta. Son exactamente las 15:30. El cuerpo de Hitler yace, ensangrentado, en el diván. Al parecer, se disparó una bala en la boca. El arma está en el suelo. A su lado, Eva Hitler está desplomada y su arma se encuentra en la alfombra. Se envenenó con cianuro.

Durante unos diez minutos, los dos hombres permanecen en silencio ante los dos cadáveres. Vuelven a abrir entonces la puerta. Y el oficial de ordenanza Heinz Linge, ayudado por otro hombre, es el encargado de trasladar los cadáveres al jardín. Envuelven el de Hitler en una manta militar *feldgrau*, hasta tal punto el rostro del muerto está desfigurado, casi desarticulado. Lo llevan primero, juntos, hacia la salida. En cuanto a Eva Hitler, cubierta con un largo vestido negro de cuello bordado con rosas blancas, el preferido de su esposo, es izada únicamente por el chofer Kempka hasta la puerta de emergencia. Durante una tregua de los bombardeos, los dos cuerpos son depositados en un agujero de proyectil y después Linge vierte sobre ellos los cinco bidones de gasolina. Enciende un trapo y lo arroja sobre los dos cadáveres. Una inmensa hoguera brota al instante, saludada por una lluvia de proyectiles que impactan en el jardín de la cancillería. Goebbels, Bormann, Axmann, Linge y Kempka apenas tuvieron tiempo de ponerse a salvo en el porche de la salida de emergencia. Luego todos hacen el saludo nazi en un último homenaje antes de volver a entrar en el búnker. El guardia Hermann Karnau, del Servicio de Seguridad del Reich, es el encargado de vigilar la combustión de los cuerpos. Poco después de las 18:00 toma la decisión de cubrir los restos calcinados con paladas de tierra. Esta es, al menos, la escena final que los testimonios recogidos después de la guerra permiten reconstruir.

Sin embargo, Bormann no ha renunciado totalmente a su ambición de suceder al Führer. Es cierto que en las horas siguientes la familia Goebbels pondrá fin a sus días. No se ha confirmado aún la muerte de Hitler a Dönitz. Por último, existe la certeza de que los dos emisarios que portan el testamento no han podido llegar aún a la presencia del gran almirante. Así que duda si falsificar el testamento de Hitler, creando un nuevo testamento, más reciente, que sustituya al antiguo. Finalmente, al no estar lo bastante seguro de sí mismo, hacia las 18:15 envía un nuevo mensaje a Dönitz respetando las últimas voluntades del Führer, pero todavía sin hacer alusión a su suicidio. Este es su contenido:

> Señor gran almirante: Hitler lo designa como su sucesor en lugar del ex-*Reichsmarschall* Göring. Siguen plenos poderes por escrito. Debe usted adoptar inmediatamente todas las medidas que la situación requiera.

Dönitz le responderá de manera servil. Bormann no anunciará la muerte de Hitler hasta más o menos las 15:20 del 1 de mayo.

Sin embargo, Bormann y Goebbels no tardan en ponerse de acuerdo en intentar una negociación directa con los soviéticos. El general Krebs, que antes de la guerra ocupó el puesto de agregado militar en Moscú y se expresa con facilidad en ruso, parece ser el designado. Se le encarga negociar la rendición de Berlín a cambio de salvoconductos que permitan a los últimos jefes nazis prisioneros del búnker reunirse con Dönitz en Schleswig-Holstein. Krebs sale la noche del 30 de abril al 1 de mayo, poco después de medianoche, y logra ser recibido por el general Vasili Chuikov, que está al mando de las fuerzas soviéticas que asedian Berlín. Chuikov exige la capitulación sin condiciones de todas las fuerzas alemanas que defienden Berlín. Krebs no logra regresar al búnker hasta última hora de la tarde del 1 de mayo, trasladando a Bormann y Goebbels la negativa de los rusos. A esa hora, Goebbels aún está vivo. Solo después del regreso de Krebs pone en práctica Goebbels su proyecto: el suicidio colectivo de toda su familia, ocho seres humanos en total, seis de ellos niños de entre cuatro y doce años. Poco después de las ocho de la tarde, después de haber asesinado —o hecho asesinar— a sus hijos, los dos esposos se quitan la vida volándose la tapa de los sesos.*

El 1 de mayo, a las 22:26, se difunde por radio en Berlín un comunicado que anuncia la muerte de Hitler en combate.

SUICIDIOS Y HUIDAS DESESPERADAS

Ahora los ocupantes del búnker solo piensan en escapar de los rusos que llegarán hasta allí al día siguiente. Así, durante la noche del 1 al 2 de mayo de 1945, un primer grupito compuesto por Martin Bormann, Artur Axmann, Ludwig Stumpfegger y Kempka intenta huir para escapar de la muerte. Dos de ellos perecerán, y otros dos saldrán adelante sanos y salvos. Han circulado muchas hipótesis sobre la suerte de Bormann, especialmente que sobrevivió, o que un proyectil soviético lo mató. Sin embargo, el testimonio de Axmann, que falleció en su cama berlinesa en 1996, a los ochenta y tres años, siempre ha parecido creíble. Axmann afirma que vio el cuerpo rígido de Bormann, sin duda tras haber ingerido cianuro, sin ninguna herida aparente. Por su parte, Kempka, fallecido en Alemania en 1975, declarará que Bormann murió víctima de un disparo de proyectil. Pero la verdad acabó saliendo a la luz el 7 de diciembre de 1972. Cuando una máquina cavaba una zanja para instalar una canalización de agua cerca de la estación de Lehrter, en el mismo lugar donde Axmann dijo que había visto el cuerpo, se exhumaron dos cadáveres. Eran los de Bormann

* Véase el capítulo dedicado a Goebbels, pp. 102 ss.

y Stumpfegger. La mandíbula de uno de los cráneos mostraba un gran puente en tres partes que el protésico Fritz Echtmann reconoció sin dificultad haber fabricado en 1942 para Bormann. Es más, unas partículas de cristal halladas entre los dientes hacen pensar que Bormann rompió una cápsula de cianuro y se suicidó para evitar ser capturado por los soviéticos. Una peritación dental realizada por Reidar Sognnaes (decano de la Harvard School of Dental Medicine) y un análisis de ADN efectuado por el doctor Eisenmenger confirmaron de forma absoluta que se trataba sin duda del esqueleto (intacto) de la eminencia gris de Hitler.

Sin embargo, varios grupos, integrados por secretarias, ayudas de campo y guardias de las SS hacen todo lo posible por escapar cruzando el Spree a nado. Y la mayoría lo logra. De este modo se salvan la joven Junge, Heinz Lorenz y la intendente Anni Winter, pero también el barón mayor Bernd Freytag von Loringhoven, ayudante de campo del general Krebs.

En cuanto a los generales Krebs y Burgdorf (el mismo que forzó a Rommel al suicidio), después de haber bebido mucho coñac, prefieren suicidarse para evitar caer en manos soviéticas.

EL CADÁVER DE HITLER: ¿PISTOLA O VENENO?

Las tropas rusas —el destacamento SMERSH del III Ejército de Choque— entran por fin, el 2 de mayo de 1945, en los jardines de la cancillería, mientras se declara un incendio dentro del búnker. El jardín ha sido destrozado por los bombardeos soviéticos. Sin embargo, no tardan en identificarse los restos del matrimonio Goebbels, mal calcinados. Después se localizarán los cuerpos sin vida de los seis hijos de los Goebbels en el interior del búnker. ¡Ni rastro del cuerpo de Hitler! Stalin no quiere creer en la muerte de su enemigo. Ordena nuevos registros, que comienzan de inmediato. Un soldado divisa un trozo de manta *feldgrau* que sobresale. Se cava en el cráter que dejó un proyectil y que taparon parcialmente. Entonces se extraen dos cuerpos totalmente carbonizados, y también los restos de un perro lobo y un cachorro. No hay duda, se ha encontrado una pista importante. Los dos cuerpos son trasladados y el cuerpo de Hitler es autentificado por los maxilares, que no se consumieron totalmente. Aún hay dientes, y sobre todo una funda y un puente de oro. La asistente del doctor y dentista Hugo Blaschke es rotunda: es la mandíbula de Hitler. El 8 de mayo, cinco forenses soviéticos examinan los restos de Hitler, principalmente las mandíbulas y un trozo de la bóveda cranial. Todo lo demás es difícilmente identificable. Y así el SMERSH (servicio de contraespionaje militar) toma la decisión de enterrar todos aquellos restos humanos, los de la pareja Hitler, los del matrimonio Goebbels y los seis cadáveres intactos de sus hijos. Solo se conservan las mandíbulas y el trozo de la bóveda cranial de Hitler.

En abril de 1970, el jefe del KGB, Yuri Andrópov, decide hacer desaparecer los restos de los Hitler y los Goebbels, enterrados en un cementerio de Magdeburgo, en la RDA. Ordena quemarlos y arrojar las cenizas al Spree, para evitar que las tumbas de los antiguos dirigentes nazis se conviertan en lugares de peregrinación.

En 2000, en Moscú, en el marco de una exposición dedicada a los archivos, se presentan al gran público un trozo de cráneo y unas fotografías de las mandíbulas de Hitler. En marzo de 2017 los rusos autorizan excepcionalmente al médico forense y antropólogo francés Philippe Charlier, acompañado de los periodistas Jean-Christophe Brisard y Lana Parshina, a examinar los restos de Hitler. A partir de la comparación de las placas dentales tomadas a Hitler en 1944, Brisard llega a la certeza de que son totalmente auténticas. Las correspondencias anatómicas son muy sólidas, en particular los dientes. Sin embargo, al especialista francés le sorprende no encontrar en el sarro dental ningún rastro del gas o la pólvora que inevitablemente habría provocado un disparo en la boca. Por tanto, el misterio de la muerte de Hitler aumenta. ¿Se suicidó con su pistola o recurrió al veneno? Naturalmente, no se podría conceder el más mínimo crédito a los relatos de los hombres (al menos los que sobrevivieron) que entraron en la habitación del Führer hacia las 15:30 del 30 de abril de 1945. Así pues, no se puede descartar la hipótesis de que Hitler se quitara la vida con veneno. Un final mucho menos valiente y mucho menos marcial.

Muchos historiadores ya pensaban que Hitler, en su deseo de no fallar en su suicidio, había tomado veneno antes de dispararse un tiro en la cabeza.

DÖNITZ ASUME EL PODER DURANTE VEINTITRÉS DÍAS

Después del suicidio de Hitler, Dönitz logra controlar a un Himmler que reclama la herencia, avalado por la tropa de SS que lo acompaña. Su carencia de conocimientos militares, por no hablar de la inmensidad de sus crímenes —los americanos, después de los descubrimientos de los campos de exterminio, odian a todos los dirigentes nazis, y especialmente al responsable de la Solución Final—, lo descalifican totalmente. Dönitz sabe entonces imponer un Gobierno que apenas respeta los últimos deseos de Hitler y que permanecerá veintitrés días en el poder. Los Aliados necesitan un alemán para que firme la capitulación. Con cierta habilidad, Dönitz consigue dos días de plazo para rematar la operación Aníbal de evacuación por el Báltico de los alemanes (tropas y civiles) que huyen del avance soviético. Pero da muestras de un gran torpeza y altanería en sus relaciones diarias con los anglo-americanos, a los que reprocha su actitud hostil y suspicaz. Incluso elogia a los soviéticos, que sin embargo masacran y violan en su zona de ocupación. Y sobre todo, se niega a reconocer su error y a admitir los crímenes nazis, y sigue adoptando actitudes nacionalsocialistas. Desquiciados, el 23 de mayo de 1945, los americanos arrestan al gran almirante y a todos sus ministros. Ahora están todos encerrados en espera de un gran proceso público por sus crímenes de lesa humanidad, que se abrirá en Núremberg el 20 de noviembre de 1945. Y en esta espera, los americanos aplican sin vacilar el régimen del AMGOT, es decir de un Gobierno militar directo que dispone de todos los poderes. Otro tanto ocurrirá en las otras tres zonas de ocupación, inglesa, francesa y rusa.

3
Los Goebbels

Ocho cadáveres dentro y en torno al búnker

Joseph Goebbels nace en 1897 en el seno de una familia pequeñoburguesa del actual Land de Renania del Norte-Westfalia, en la ciudad de Rheydt, famosa por su magnífico palacio renacentista. Es el cuarto hijo de una familia de seis. Sus padres, muy católicos, están atentos a su trayectoria escolar. El joven Joseph es un excelente alumno, apasionado por la historia y la geografía, como también por la religión, sin olvidar el griego antiguo, que aprende con facilidad. Tiene veinte años cuando obtiene su *Abitur* (equivalente al bachillerato). Se inscribe en la Universidad de Bonn para cursar Filología. Sin embargo, por su carácter muy reservado, le cuesta adaptarse al ambiente estudiantil y vive en cierto aislamiento. Por otra parte, sus pretensiones intelectuales son mal percibidas por sus profesores. Apenas se integra, sin duda atormentado por un fuerte complejo. Y es que camina con dificultad debido a un pie equinovaro, una deformación que una operación quirúrgica (practicada cuando tenía unos diez años) parece haber aumentado. Se ve obligado a usar un aparato ortopédico. Ese pie equinovaro le amarga la vida, e incluso intenta que sus compañeros de la facultad crean que es una herida de guerra.

Y así se esfuerza en compensar su deformidad con una ambición y una energía desbordantes. Tiene ansia de reconocimiento. Quiere ser famoso gracias a la escritura, convertirla en su actividad principal e inscribir de ese modo su nombre en el panteón de la literatura alemana, incluso internacional. Dice ser a la vez «poeta y soldado». Ante la realidad, el mundo artificial que se construyó se desploma rápidamente. Sus poemas, al igual que su primera novela, *Michael Voorman*, no encuentran editor. Y, para sobrevivir, no tarda en verse obligado a vender su reloj y sus trajes. Y así, sin un peso en la bolsa, no le queda otra que recurrir a la ayuda económica de su padre, cuyo empleo como oficinista en una fábrica de focos no es que lo haya enriquecido precisamente. Sin embargo, Joseph Goebbels acaba obteniendo con brillantez su doctorado en Filología. Y en noviembre de 1921 defiende su tesis, en la prestigiosa Universidad de Heidelberg, bajo la dirección del profesor Max von Waldberg, de origen judío, sobre un tema muy poco seductor. Aquella tesis está dedicada a un dramaturgo romántico del siglo XIX, Wilhelm von Schütz, de modesta notoriedad. Orgulloso del prestigioso título de doctor, Goebbels espera que su carrera literaria por fin avance. ¡Para nada! Vive amargado, rumiando su resentimiento y acusando a la burguesía, la que lee, y a los judíos. Sus dos obras de teatro, *El viajero* y *Prometeo*, no encuentran comprador. En 1923 ya da muestras de un virulento antisemitismo, al declarar de forma bastante abstrusa: «El judaísmo es el veneno que precipita el óbito del organismo europeo».

Las dudas del joven Goebbels con respecto a Hitler

El flamante doctor Goebbels es ahora un apasionado defensor del bolchevismo. Sigue con atención la evolución política de

Rusia, unos años después de la caída de los Románov. Podemos definirlo entonces como un socialista revolucionario más bien «sovietófilo». Convertido en periodista, toma una decisión y dice preferir «elegir la catástrofe con el bolchevismo antes que la esclavitud eterna con el capitalismo». Defiende la doble idea de un socialismo nacional y una alianza militar con la URSS, con una premonición que plantea interrogantes. Y cuando *Mein Kampf* acaba de publicarse, sin hacer mucho ruido (36000 ejemplares vendidos entre su aparición en 1925 y 1929), Goebbels está indignado con las posiciones del NSDAP hitleriano, que quiere extender Alemania hacia el este en detrimento de la Unión Soviética, instituida en 1922. Además, aunque se adhiere al NSDAP, cuyas vocaciones sociales y populistas son evidentes, afirmando al mismo tiempo que el colectivismo forma parte sin duda de su programa político revolucionario, se esfuerza en realizar una síntesis colmada de contradicciones. Lo cierto es que en Múnich es Hitler quien impone sus concepciones. Desde su cuartel general de la Casa Parda en la Brienner Strasse, el aprendiz de dictador defiende posturas fascistoides.

Goebbels lo mezcla todo y atribuye a los judíos las dificultades económicas de la URSS. Su tesis describe a los judíos como los saboteadores de la revolución bolchevique porque, explica, «encarnaban lisa y llanamente todas las fuerzas subversivas, destructoras de la cultura, internacionalistas, que impedían el desarrollo del pueblo». En otras palabras, se sitúa en el lado opuesto del «pensamiento» de Hitler, que atribuye a los judíos el impulso de un bolchevismo deshonrado. A pesar de esta paradoja, los dos hombres se reconocerán.

La primera entrevista entre Hitler y Goebbels data del mes de julio de 1925, con motivo de una reunión de *Gauleiters* del NSDAP en Weimar. En febrero de 1925, Goebbels fue nombrado jefe del Gau (la circunscripción del *Gauleiter*) del Ruhr, en recompensa por su campaña de prensa (en su modesto periódico, el *Völkische Freiheit*), en favor de la liberación de un

Hitler encerrado en Landsberg después de su intento de golpe de Estado en Múnich, el célebre *putsch* de Múnich. Goebbels queda inmediatamente subyugado por el arte oratoria de Hitler. Este es el líder que busca. Se olvida de toda divergencia doctrinal y se siente muy honrado por el ejemplar dedicado de *Mein Kampf* que el jefe del NSDAP le regala entonces. Sin embargo, la luna de miel no dura mucho. En febrero de 1926, en Bamberg, Hitler informa de sus intenciones: atacar a la URSS y aliarse con Italia y Gran Bretaña. Mucho peor, Hitler se declara firme partidario de la propiedad privada, lo que choca con el partidario de los rojos que es Goebbels. Y llega a propugnar la exclusión de Hitler del NSDAP. Entonces es Hitler quien intenta reconciliarse con Goebbels afirmando que el colectivismo forma parte de su programa. Y estrechándolo entre sus brazos con ocasión de una nueva concentración del NSDAP en Múnich, en abril de 1926. Los dos hombres se encontraron: ya no se separarán. Y a principios de noviembre se instala como *Gauleiter* del partido nazi, esta vez en Berlín.

La propaganda, una herramienta maquiavélica

A sus veintinueve años, Goebbels tiene por fin un puesto a su medida. Pretende desarrollar la corriente nazi utilizando la propaganda, cuya «misión no es ser inteligente sino llevar al éxito». Apoyándose en su periódico, *Der Angriff* (El Ataque), pretende conquistar a la clase obrera con la consigna «¡Por los oprimidos! ¡Contra los explotadores!». Así pues, se opone tanto a los demócratas de la República de Weimar como al Partido Comunista de Alemania, el poderoso KDP (*Kommunistische Partei Deutschlands*). No duda en apoyarse en las bandas de camisas pardas de las SA, que disfrutan enfrentándose a golpes con sus adversarios marxistas. Ante los actos de violencia, la República de Weimar reacciona: sanciona con la prohibición del NSDAP en mayo de 1927 y priva a Goebbels de la posibilidad de hablar en público. A principios de 1928, las autoridades deciden encarcelar a Goebbels durante seis semanas. Para evitar la cárcel se presenta a las elecciones legislativas: resulta elegido para el Reichstag en mayo de 1928, junto a otros once parlamentarios nazis.

Goebbels no tiene ninguna duda en predicar la mayor violencia en la lucha política contra sus adversarios demócratas y comunistas. Su mitin del 28 de septiembre de 1928, en el Palacio de Deportes de Berlín, moviliza a más de 10 000 SA que corean consignas hostiles al Gobierno, mientras en el exterior estallan peleas con los adversarios declarados del nacionalsocialismo. En 1930 Hitler le recompensa por su actuación decidida nombrándole al frente de la propaganda de todo el NSDAP.

Brillantes éxitos electorales

Ahora el primer objetivo de Goebbels es conseguir los mejores resultados posibles en las elecciones legislativas de octubre de 1930. No duda lo más mínimo en emplear las consignas más falsas, condenando sin matices el plan estadounidense Young pese a ser muy favorable para Alemania, ya que remite *ad calendas graecas* el pago de las reparaciones a Francia y Gran Bretaña. Apela, jactándose de ello, a «los instintos más primitivos de las masas». La crisis económica no le favorece todavía, pues no llegará a Alemania hasta finales de ese año. No escatima ni carteles ni consignas llenas de odio y ve recompensados sus esfuerzos con unos resultados impresionantes. El NSDAP recoge 6.5 millones de votos, es decir multiplica por ocho sus resultados de 1928. El Partido dispone ahora de un grupo parlamentario de ciento siete diputados. Avalado por este avance, Goebbels pretende precipitar el destino y tomar el poder, como Lenin, por la fuerza. Hitler tiene que aplicarse para hacerlo entrar en razón y respetar las condiciones electorales.

Consiente entonces, a regañadientes y para salvar su posición dentro del Partido —su extremismo comienza a indisponer seriamente a Hitler—, en negociar con los partidos conservadores y de centro.

Goebbels prepara entonces las elecciones presidenciales de abril de 1932. Ante el viejo Hindenburg, con ochenta y dos años, Hitler logra estar muy a la altura, reuniendo para su candidatura alrededor de 13.4 millones de votos. Aunque derrotado, Hitler se impuso como personaje clave en el panorama político alemán. Para Goebbels, ahora se trata de preparar las futuras elecciones legislativas de julio de 1932. El canciller Brüning había sido destituido de sus funciones por el poco sutil presidente Hindenburg por haber prohibido las SA y las SS, y el flexible y poco valiente Franz von Papen ocupa su lugar. A cambio de su apoyo al Gobierno, Hitler y Goebbels obtienen el aplazamiento de la medida de disolución de sus organizaciones paramilitares y la convocatoria de nuevas elecciones legislativas.

Entonces Göring enciende Alemania, multiplicando los mítines por todo el país. Incluso utiliza el avión para desplazarse con más rapidez y celebrar aún más reuniones públicas. Es el primero en valerse de la radio, el 18 de julio de 1932. Mientras Alemania está sumida en un drama económico considerable, el nuevo jefe del Servicio de Seguridad (el SD o *Sicherheitsdienst*, organismo secreto vinculado a las SS y por tanto al Partido, totalmente ilegal), Heydrich, siembra el terror y el desorden, sobre todo en Hamburgo. El resultado está a la altura de lo medios empleados. El NSDAP se lleva la parte del león con 13.7 millones de sufragios obtenidos (de 36.9 millones) y 230 diputados elegidos (de un total de 608) el 31 de julio. El partido nazi se convierte así en el primer partido alemán. Pero si el presidente Hindenburg se había mostrado débil corriendo a Brüning, su desprecio por «el cabo de Bohemia», apodo que dedica a Hitler, es tal que lo lleva a negarle la cancillería. Solo acepta concederle el puesto de vicecanciller de Von Papen.

Esta vez los nazis se enfrentan a Von Papen en relación con las condenas a muerte dictadas contra los nazis autores de un asesinato político en Potempa, en Silesia. Los comunistas lo dejan en minoría, Von Papen tiene que dimitir y se convocan nuevas elecciones al Reichstag para el mes de noviembre de 1932. Aunque en 1931 se casó con Magda Quandt (apellido de su primer marido, del que se divorció) y fue padre el 1 de septiembre de 1932 de un primer vástago —una niña, para su gran decepción—, Goebbels se implicará de nuevo, plenamente, en la nueva campaña electoral. La salida de Otto Strasser elimina a su principal competidor para la dirección de Propaganda del Partido. Ahora controla todas sus palancas, incluidas la radio y el cine. Los nazis no tienen palabras demasiado duras para su antiguo aliado Von Papen y hasta llegan a organizar una huelga general del transporte en Berlín en connivencia con los comunistas. Esta vez los alemanes se escandalizan con los métodos nazis. En noviembre de 1932 Hitler pierde dos millones de votos (solo obtiene 11.7 millones) en beneficio de los comunistas y, lo más importante, 34 diputados. El partido nazi ya solo posee 196 de 584 escaños. Sin duda, al exigir todo el poder para Hitler, Goebbels espantó al electorado. Pero se niega a reconocerlo. A Von Papen lo sustituye entonces el general Von Schleicher.

Hitler accede a la Cancillería sin la ayuda de Goebbels

El retroceso del partido nazi y el avance del partido comunista vuelven a dar prioridad a la lucha contra el «peligro rojo». Y los grandes responsables económicos alemanes, directivos de los grandes grupos industriales, agrícolas y bancarios, se agrupan en torno a Schacht para dirigir una súplica al presidente Hindenburg, la *Industrielleneingabe*: que nombre canciller del Reich a Hitler. Hindenburg acaba cediendo después de intensas negociaciones. El 30 enero de 1933, Hitler es designado canciller y Von Papen vicecanciller. Goebbels no participa en todas estas negociaciones, absorbido por preocupaciones familiares: su esposa Magda sufrió un aborto natural y tiene que visitarla a diario, lo que altera su agenda.

Sin embargo, para festejar el advenimiento de Hitler, la misma noche del 30 enero de 1933, Goebbels organiza una gigantesca marcha de las SA, con antorchas, hasta la puerta de Brandeburgo. Goebbels anuncia que, durante cinco horas, un millón de SA desfilaron interminablemente, cifra que parece ciertamente excesiva. Aunque le había prometido el Ministerio de Educación Popular, Hitler ni siquiera se lo plantea. E incluso dentro de Propaganda, Goebbels ve llegar a un rival en la persona de Walther Funk, nombrado director del servicio de prensa. Sin embargo, se disuelve una vez más el Reichstag y se convocan elecciones legislativas para el 3 marzo de 1933.

El nuevo Gobierno presidido por el canciller Hitler comienza de la peor manera posible, adoptando medidas de prohibición del derecho de huelga y de manifestación. En cuanto a la prensa, está en gran medida amordazada por la ordenanza del 4 de febrero de 1933. La campaña acaba de comenzar cuando de repente, el 27 de febrero de 1933, se produce un suceso: el incendio del Reichstag. Un joven holandés totalmente desconocido, Marinus van der Lubbe, comunista, es acusado de los hechos. En realidad, el incendio fue provocado por las SS de Heydrich. Desde ese momento, Goebbels se desata contra los comunistas. El 5 de marzo el partido nazi obtiene el 43.9% de los votos y 288 escaños. Logra la mayoría gracias al apoyo de su aliado, el DNVP (Partido Nacional del Pueblo Alemán), que cosechó el 8% de los sufragios y obtenido 52 diputados. Con 340 diputados de un total de 647, la mayoría del NSDAP es limitada, pero la refuerza con la detención de los diputados electos comunistas. Para votar la ley de plenos poderes que permita adoptar leyes sin consultar al Reichstag es necesaria una mayoría cualificada, que el Zentrum aporta con bastante ingenuidad el 24 de marzo. Por 444 votos contra 94, el Reichstag firma su sentencia de muerte: libertades públicas y partidos políticos pertenecen ahora al pasado.

Goebbels consigue su Ministerio de Educación y Propaganda

La victoria nazi de marzo de 1933 permite a Goebbels obtener el reconocimiento que Hitler le había negado a finales de enero con ocasión de la constitución de su primer Gobierno. Con una suerte de orgullo pueril, Goebbels se ve catapultado, a los treinta y cinco años, al rango de ministro de Educación y Propaganda. Como declara entonces Goebbels, con el cinismo que lo caracteriza, «ahora somos los amos». Goebbels lo demuestra inmediatamente poniendo a todos los funcionarios de la radio del Estado a apoyar al Gobierno. Además, ¿cómo actuar de otro modo si el Partido está al servicio de la nación alemana y del pueblo alemán? Definitivamente muy activo, Goebbels publica, el 29 marzo de 1933, su primer libelo antisemita en el *Völkischer Beobachter*, el periódico del NSDAP. Llama a un boicot total de los comercios judíos. Y decreta una jornada de prohibición para el 1 de abril. Las SA y las SS impiden la entrada de los ciudadanos alemanes en los establecimientos judíos, incluso por la fuerza. Goebbels participa personalmente sobre el terreno en la imposición de la cuarentena a las tiendas judías.

Por desgracia, lo de Goebbels solo fue un primer intento. El 10 de mayo, procede a un gigantesco auto de fe de obras judías, marxistas o pacifistas. Unos 20 000 libros son quemados públicamente en Berlín, delante de la ópera, como también decenas de miles en veintiuna ciudades alemanas. Y en junio Goebbels da un paso más para entrar en una fase suplementaria: decide limpiar el NSDAP de «arribistas», al tiempo que elimina a todos los grupos políticos de oposición. El NSDAP se convierte de este modo en el único partido autorizado. Sin embargo, el nuevo ministro no olvida el origen ideológico proletario del nacionalsocialismo. Quiere erradicar la pobreza, recuperando sus raíces bolcheviques, para trazar un camino hacia el alma del pueblo alemán. Aunque combate a los comunistas, sigue estando en el lado opuesto de los vividores y los enriquecidos que, como Göring, alardean ya de sus buenos coches y sus amplias residencias decoradas con colecciones de cuadros. Goebbels pertenece a la clase obrera, la encarna y pugna por desarrollar las obras sociales y organizar jornadas de beneficencia. Y así aparecen el Comité de Socorro de Invierno, el Domingo del Puchero o el Día de Gracias por las Cosechas. Se entregan vales de carbón y también alimentos a los desempleados, tan numerosos, el Día de la Comunidad del Pueblo, que se festeja el 30 enero de 1934, una fecha simbólica que celebra la llegada de Hitler al poder doce meses antes. Goebbels se atreve incluso a pedir a los alemanes que se priven del asado el primer domingo de los meses de invierno y entreguen los ahorros obtenidos de este modo a los más pobres. A menudo se oculta esta faceta de un «nazismo con rostro humano», y el historiador tiene el cometido de no olvidar ciertos aspectos de la acción social de este personaje clave del régimen hitleriano. Sin embargo, de forma bastante paradójica, las SA muestran su descontento con las iniciativas humanitarias de Goebbels. En efecto, al mismo tiempo, el régimen nacionalsocialista rechaza todo trastorno social y se apoya en la complicidad y el dinero de los grandes industriales para imponerse, con la promesa de una futura guerra europea que pueda desarrollar sus negocios y sus beneficios.

En 1934 no cabe duda de que las SA, con sus entre 2.5 y 3 millones de miembros, son un Estado dentro del Estado. Y consideran que fueron engañadas. Constituyen el brazo armado del régimen y ahora aspiran a convertirse en una fuerza militar, controlando a una *Reichswehr* (defensa) todavía con pocos efectivos.

Su jefe, Ernst Röhm, parece haber perdido toda medida y sus ambiciones personales comienzan a inquietar muy seriamente tanto al propio Hitler como a Goebbels. A decir verdad, Goebbels no interviene en la preparación de la Noche de los Cuchillos Largos que, del 30 de junio al 2 de julio de 1934, en toda Alemania, amparará la eliminación sangrienta de un gran número de jefes de las SA. Goebbels acompaña a Hitler cuando este aparece, como un soldado justiciero, pistola en mano, para arrestar a Röhm y sus secuaces —antes de matarlos— en el hotel de Bad Wiessee en el que se reunieron. Cerca de un centenar de dirigentes son asesinados de este modo, mil o dos mil arrestados. Las SA, liquidadas, solo serán un servicio de orden, antes de convertirse en carne de cañón cuando se desencadenen las hostilidades en 1939.

En la misma medida en que Goebbels está atento a la cercanía del Partido con el pueblo, Hitler desea, en un primer momento, no incrementar la campaña antisemita por miedo a espantar a Gran Bretaña. Si el Reich quiere obtener de Gran Bretaña un acuerdo naval de rearme, debe anteponer su antibolchevismo a su antisemitismo. Se pide, pues, a Goebbels que organice un congreso anual de Núremberg de 1934 hostil al marxismo-leninismo. La recompensa llegará con el acuerdo firmado en Londres el 18 de junio de 1935, que autoriza al Reich a poseer una flota de guerra igual, en tonelaje, al 35% de la inglesa.

Sin embargo, de forma progresiva, al estilo de un roedor, Goebbels va carcomiendo poco a poco el estatuto de los judíos en Alemania, con la ley sobre la ciudadanía del Reich y la defensa de la sangre y el honor, que reservan el pleno ejercicio de los derechos políticos únicamente a los ciudadanos de sangre alemana. La organización de los Juegos Olímpicos de verano en Berlín, del 1 al 16 de agosto de 1936, es un momento triunfal para el Reich. Para engañar a su gente, Hitler exige incluso a Goebbels una atenuación de la aplicación de la política racial del Reich. Sin embargo, el jefe supremo de Alemania hizo uso de las armas al anexionarse el Ruhr, en el mes de marzo anterior, y al intervenir en la guerra civil de España del lado del general Franco, a partir de julio. Todas las naciones del mundo acuden a esa gran cita deportiva, con la única excepción de la URSS. La exhibición nazi pretende subrayar la voluntad de paz mundial del Reich. Goebbels hace todo lo posible para ocultar lo innombrable, mientras el Reich lanza su plan de cuatro años de preparación de la guerra y desarrolla una política cada vez más hostil hacia los judíos alemanes. Pero, por el momento, el siniestro ministro de Propaganda llegará incluso a ordenar que se borren las consignas hostiles a los judíos de los muros de la capital, al igual que las inscripciones y los grafitis que figuran en los comercios propiedad de semitas. Además, Magda y Joseph Goebbels, triunfantes, organizan, a modo de símbolo del pacifismo del Reich, un gigantesco baile para 3 000 invitados de todas las naciones en la isla de los Pavos Reales, en pleno verano de 1936.

De la agrupación de los alemanes a la Noche de los Cristales Rotos

Apenas se marchan los atletas extranjeros, Hitler y Goebbels reanudan su danza infernal. Goebbels no tardó en dotarse de un departamento internacional dentro del Ministerio. Y con el apoyo de los hombres de Heydrich, los incidentes se multiplican tanto en Austria como en Checoslovaquia. Las minorías alemanas son las víctimas, gritan los dos. Goebbels sabe amplificar los acontecimientos, apelando abiertamente al Anschluss de Austria y a la anexión de los Sudetes. ¡Y los dirigentes del Reich recurriendo al principio de las nacionalidades, el famoso derecho de libre determinación de los pueblos tan querido para el demócrata estadounidense Woodrow

Wilson! Además, afirman los cínicos dirigentes del Reich, una vez reunificados los alemanes se inaugurará en Europa una era de paz. Sin embargo, el rearme alemán no se les escapa a los periodistas de los medios extranjeros. «*Si vis pacem, para bellum*», responde Goebbels: esa es exactamente la decisión del Führer. Las democracias caducas se dejan convencer, con más o menos entusiasmo, y acaban firmando en Múnich, el 30 septiembre 1938, un acuerdo de desmembramiento de Checoslovaquia.

Desde 1937 Goebbels deseaba medirse con la Iglesia católica en el marco de la *Kirchenkampf* (lucha de iglesias). Pero el papa había respondido con una encíclica de cierta firmeza, *Mit brennender Sorge* (Con viva preocupación). Y Hitler aconsejó a su ministro que dejara de agredir a la importante minoría católica alemana.

Sin embargo, Goebbels continúa, esta vez más abiertamente, su cruzada contra los judíos. La postura del ministro es clara: «Los judíos tienen que irse. Hay que correrlos de Berlín», declara el 31 de mayo de 1938 en la capital. Y el 26 de octubre siguiente cumple su amenaza y decreta la expulsión de todos los judíos polacos instalados en Alemania, unas 18 000 personas. Entre ellas, la familia Grynszpan, obligada a abandonar Hannover. El 7 de noviembre de 1938, un tal Herschel Grynszpan, hijo de los expulsados en octubre, disparará en cinco ocasiones contra Ernst vom Rath, tercer secretario de la embajada de Alemania en Francia, hiriéndolo mortalmente. Los motivos de este joven estudiante judío polaco, de diecisiete años, son nítidos: quiere protestar por la expulsión de su familia y la persecución alemana contra los judíos. El 8 de noviembre se ordena a los judíos que entreguen sus armas de fuego. Y la noche del 9 de noviembre de 1938, cuando se anuncia la muerte del diplomático después de dos días de agonía, comienza la horrenda *Kristallnacht*, la Noche de los Cristales Rotos.

Goebbels maniobra y consigue la abstención total de la policía e incluso del SD. Deja que el populacho alemán se vaya contra las propiedades y bienes judíos. En unas horas, unas 20 000 tiendas son saqueadas o destruidas, cerca de un centenar de judíos son linchados por la multitud, unas 250 sinagogas son incendiadas (es decir, casi todas). Pero el odio de Goebbels no conoce límites. Exige que, a sus expensas, los judíos reparen sus tiendas y talleres, y que se hagan cargo de la destrucción total de las sinagogas y del desmantelamiento de los grabados. En los lugares de culto judíos se edificarán estacionamientos, más útiles para la vida diaria de los alemanes, afirma Goebbels.

A continuación se desencadenan nuevas medidas contra los judíos: exclusión de las escuelas y los lugares públicos, de los teatros, las albercas e incluso las playas. Por último, se recauda un impuesto extraordinario de mil millones de *Reichsmarks* de la comunidad judía, mientras se prohíbe toda indemnización por los daños causados a los bienes judíos. Y así se llega a lo indecible sin provocar la más mínima reacción europea. ¡A las democracias les atormenta la preocupación de mantener la paz! ¿Cómo reprochárselo, apenas veinte años después del fin del primer conflicto mundial?

Goebbels es un propagandista temible. Sabe utilizar todos los medios, desde el periódico hasta el cartel, de la radio a los mítines. Su objetivo es tomar el control de la población y crear en su seno cierto grado de ansiedad. Otro tanto ocurre con la preparación del camino a la guerra a partir de 1939. Su famoso *Diario*, publicado finalmente en veintinueve volúmenes después de la capitulación, incluye no pocos testimonios sobre sus métodos. Debía de sentirse feliz, en buena sintonía consigo mismo, mientras no dejaba de multiplicar sus acciones criminales. De hecho, da muestras de la más absoluta inmoralidad personal. Aunque en 1939 ya es padre de cinco hijos (la última, Hedwig, nació en 1938), las aventuras personales se multiplican, en particular con la actriz checa Lída Baarová. Una relación a la que Hitler le ordena poner fin por el deplorable ejemplo que se da a la nación. Por otra parte, Goebbels abandona por completo su modesta vida de antaño: además de las numerosas amantes, adora los buenos coches y compra un inmenso departamento.

He aquí al que en 1936 predicaba la paz, convertido ahora, en 1939, en apóstol de la guerra. Alemania necesita un «espacio vital» y riquezas energéticas y mineras. Por tanto, aplaude la satelización de Checoslovaquia en marzo de 1939 después de haber saludado con pasión la anexión de Austria un año antes, en marzo de 1938. Alemania necesita espacio y la marcha hacia la guerra se acelera. Hay que preparar al pueblo alemán para ella. En cuanto al proyecto de alianza con Gran Bretaña, ya no forma parte de sus prioridades. Se realizan acercamientos con la Italia mussoliniana —condenada por Occidente con motivo de la invasión de Etiopía— y con Japón. Goebbels aprueba todas las iniciativas militares de Hitler, aunque nunca se involucra. Se contenta con organizar las celebraciones victoriosas.

Y así descubre, como todos los alemanes, el pacto germano-soviético del 23 de agosto de 1939, al igual que la provocación organizada por Heydrich en Gleiwitz para justificar la invasión de Polonia, a principios de septiembre de 1939. Y no interviene en la campaña de Francia de mayo-junio de 1940, aunque se muestra exultante con la firma del armisticio. Declara que «Francia debe ser eliminada como gran potencia», y añade que «debe ser herida de muerte en su orgullo y su honor». Y así, el 6 julio de 1940, Goebbels organiza la generosa puesta en escena que celebra el triunfo de Hitler sobre Francia. Hace que se decoren las calles de Berlín, que quedan cubiertas de banderas y guirnaldas, mientras todas las tiendas reciben la orden de cerrar y los berlineses son incitados con firmeza a salir a aclamar al Führer.

Goebbels tampoco es informado de los preparativos de la batalla de Inglaterra en el verano de 1940, ni de los relacionados con la invasión de la URSS en el primer semestre de 1941. Hay que esperar hasta el final del mes de marzo de 1941 para que, por fin, se le ponga al corriente de la operación Barbarroja. Y con la falta de visión que lo caracteriza, escribe inmediatamente: «¡El bolchevismo se desmoronará como un castillo de naipes!». En el segundo trimestre de 1941, Hitler recurre a Goebbels: tiene que intentar intoxicar al Estado Mayor soviético. Hace que se publique en el *Völkischer Beobachter* un artículo que anuncia un próximo desembarco de las tropas alemanas en Inglaterra. A continuación organiza la retirada de los ejemplares del periódico para hacer creer a los soviéticos que cometió un error garrafal. Para engañar al enemigo, las ondas alemanas difunden ese mes de junio de 1941 numerosas emisiones divertidas, mientras Goebbels en persona entra en escena el 21 de junio, viendo películas de aventuras con una delegación italiana. Nada que pueda preocupar a Stalin: los dirigentes nazis se distraen.

¿Cómo sostener un ejército estancado en Rusia?

Si la marcha de la Wehrmacht parece triunfal hasta octubre 1941, es indiscutible que los meses de noviembre y diciembre siguientes se caracterizan por una sucesión de éxitos soviéticos que rechazan a los alemanes lejos de Moscú. Y si Goebbels se ha esforzado en justificar la invasión de la URSS, que fue una absoluta sorpresa para el pueblo alemán, tiene que hacer frente a la congelación total de las posiciones alemanas cuando llega el invierno. Él también es víctima de la situación ya que, en un desplazamiento a Vilna, se quedará bloqueado durante varios días debido a las muy difíciles condiciones climáticas. El invierno ruso paraliza las máquinas y a los hombres. Y los soldados de la Wehrmacht mueren de frío. Goebbels intenta encontrar soluciones y anuncia una gran recogida de ropa de abrigo para la tropa. Y de este modo se reúnen unos sesenta millones de prendas, un verdadero éxito. Quiere repetir, y esta vez pide a la población que done esquís para los soldados. Reúne dos millones de pares, totalmente inútiles pues, por un lado, se trata de esquís alpinos y, por otro, la mayoría de los soldados nunca ha practicado el esquí.

En 1942 la Wehrmacht no solo está estancada en la URSS. Tiene que hacer frente a un desembarco anglo-americano en el norte de África y a resistencias, cada vez más activas, en Croacia y en Serbia. Mientras, la situación se deteriora en la URSS, hasta el punto de forzar al ejército de Friedrich Paulus, reducido a 100 000 hombres y atrapado en la trampa de Stalingrado, a capitular el 2 de febrero de 1943.

Se trata sin duda de una catástrofe militar a la que Alemania debe hacer frente en ese comienzo de febrero de 1943, antes de que la derrota de Kursk, entre julio y agosto de 1943, y después de la de El Alamein, entre octubre y noviembre siguientes, arrojen al Reich a un drama total. La guerra está girando o ha girado en contra de Alemania. Y Goebbels debe reaccionar. Está en juego la suerte del Reich. Tiene que aceptar entrar en una posición de guerra total. Y así, la noche del 18 de febrero de 1943, Goebbels pronuncia en el Palacio de Deportes de Berlín, ante una muchedumbre histérica de 14 000 miembros del NSDAP, un discurso en el que hace apología de la guerra total, la única capaz de salvar al país. Entre los asistentes destaca la presencia tanto de su esposa Magda como sus dos hijas mayores, Helga y Hilde. La multitud, electrizada, grita en respuesta a las preguntas formuladas por el orador: «El Führer ordena, nosotros obedecemos». Sin embargo, esta intervención apenas tiene consecuencias concretas. Las clases dirigentes no tienen el menor deseo de sacrificar su nivel de vida, los casinos siguen haciendo recaudaciones espectaculares y el trabajo de las mujeres apenas se desarrolla de forma espontánea. Además, el propio Hitler no parece convencido de la necesidad de entrar en un periodo de máxima tensión interna. En efecto, la guerra solo se desarrolla en el frente oriental, aunque provoca pérdidas cada vez más considerables. Los desembarcos anglo-americanos en Sicilia (julio) y Nápoles (octubre) no preocupan en exceso al Führer, consciente de la profundidad tan protectora de la península italiana.

Sin embargo, en el mes de abril de 1943, Goebbels se ve aquejado de un severo eczema. Y su aura parece deslustrarse ante un Hitler cuyo estado de salud se degrada. El Führer parece cada vez más confuso, presa de enojos y depresiones que dejan atónitos a sus colaboradores. Goebbels busca sin cesar nuevas temáticas destinadas a movilizar al pueblo alemán, con un innegable talento de orador. Ensalza sucesivamente en su propaganda el espíritu de disciplina, la fuerza del alma colectiva, e incluso se arriesga a aludir, sin criterio, a la perspectiva de una paz por separado con Inglaterra. Sin embargo, recupera el tema de la guerra total, poniendo de relieve la perspectiva de la próxima aparición de unas armas de destrucción masiva revolucionarias. Se pone lírico con las V1 y las V2, las bombas volantes que ya golpean al Reino Unido.

Hacia la militarización de la sociedad

El atentado del 20 de julio de 1944, organizado por Von Stauffenberg en el cuartel general de Rastenburg, provoca un grave desgarro. Hitler reprime la conspiración con una violencia que deja huellas en los círculos del poder. En cambio, la población reacciona al contrario de lo que cabía pensar, como en el caso de los bombardeos aéreos de las ciudades alemanas. Se une en torno al Führer. Finalmente, tanto Göring como Speer y Himmler acaban considerando que hay que hacer caso a Goebbels y proclamar la guerra total. Hasta el punto de que Hitler nombra plenipotenciario del Reich para la guerra total a su ministro. A partir de ahora, todos los civiles pueden ser movilizados para el esfuerzo de guerra, los lugares de descanso y de ocio se vuelven sospechosos: se procede a su cierre o quedan prohibidos. Toda una sociedad se militariza. Unos veinte millones de hombres habrán sido movilizados, pero faltan muchos para oponer resistencia a los Aliados. Más de un hombre de cada tres no fue declarado apto para el combate, a causa de su edad o por su condición de protector, una cifra que parece digna de consideración. Hay más mujeres en las fábricas, pero el país adolece de una cruel escasez de obreros cualificados, que fueron enviados a los distintos frentes. La mano de obra de los campos de concentración y de exterminio —prisioneros de guerra, civiles extranjeros capturados, judíos deportados, voluntarios de los países ocupados—, utilizada ahora a la fuerza, está lejos de ofrecer la productividad de los obreros y empleados alemanes.

Goebbels y Speer no son tan ingenuos como para creer que pueden invertir la situación militar, pero consideran que tienen capacidad para frenar el ritmo de las derrotas. Piensan que, alargando la guerra, podrán negociar una paz honorable con los americanos.

Mientras Goebbels militariza a la población, Speer, nombrado ministro de Armamento y Municiones en febrero de 1942, reactiva con gran eficacia la producción alemana de armamento.

«CUANDO SALGAMOS DE ESCENA, EL UNIVERSO TEMBLARÁ»

El desembarco de Normandía, en junio de 1944, y la posterior entrada de las tropas soviéticas en Prusia Oriental a partir del otoño de 1944 inauguran una nueva época: la de las matanzas de civiles alemanes por los soviéticos. Goebbels intentará utilizarlas. Pone de relieve las atrocidades cometidas por los rusos. Por supuesto las más abominables, como las ocurridas el 21 de octubre de 1944 en el pueblo de Nemmersdorf, cerca de Kaliningrado. Los soldados del general Cherniajovski violaron colectivamente a las mujeres y las niñas, clavando a algunas vivas en las puertas de los graneros, mientras aplastaban a los hombres bajo las cadenas de sus tanques: una forma de venganza salvaje por los innumerables crímenes cometidos por las SS y los *Einsatzgruppen* en territorio ruso durante tres años de ocupación.

Tanto en el este como en el oeste, el avance de los Aliados es irresistible: el Rin y la línea Siegfried son franqueados en marzo de 1945, y Varsovia cae en manos soviéticas el 17 de enero de 1945. Las pérdidas alemanas son colosales: más de 400 000 muertos y heridos y cerca de 300 000 prisioneros en los dos primeros meses de 1945. Ante este desastre, y al no haber podido conseguir la cabeza de Göring, al que considera sobradamente incompetente en la organización de la Defensa y la gestión de la Luftwaffe, lo único que Goebbels puede hacer ya es expresar sus temores. Se espera lo peor y el triunfo del comunismo en Alemania. El 21 de abril de 1945, unos días antes de su suicidio, pronuncia ante sus colaboradores unas palabras definitivas: «Cuando salgamos de escena, el universo temblará».

¿MÁRTIR DE LA FE NAZI?

Goebbels no es un cobarde: se quedará hasta el final al lado de Hitler en el búnker y se negará a huir con su esposa, Magda, y sus seis hijos, de entre cuatro y doce anos: Helga, Hildegard, Holdine, Hedwig y Heidrun, cinco niñas y un niño, Helmut. Los seis nombres empiezan por H, como Hitler.

El Ejército Rojo sitia Berlín con tal vez 2.5 millones de hombres. Desde que el Führer tomó la decisión de morir al lado de los berlineses y se quedó en el búnker, Goebbels sabe el camino que quiere seguir. ¡No es cuestión de salir corriendo! Perecer con su héroe, Hitler, le permite acceder al rango de mártir de la causa nazi. Además, mucho antes de la fecha fatídica del 20 de abril, en la que Hitler decide permanecer en

Berlín, lo alentó a poner el ejemplo quedándose hasta el final en su capital y a morir como un soldado al frente del pueblo alemán. ¿Cómo podría entonces ceder a la orden de Hitler para huir? Expresa con total claridad su sentimiento:

> El Führer me ordenó que salga de Berlín y participe como miembro dirigente en el Gobierno designado por sus cuidados. Por primera vez en mi vida debo negarme categóricamente a obedecer una orden del Führer. Mi mujer y mis hijos están conmigo en esta negativa. Aparte del hecho de que los sentimientos de humanidad o de fidelidad personal nos prohíben abandonar al Führer en esta hora suprema, no soportaría pasar por un traidor infame, por un miserable hasta el final de mis días. Además, perdería todo respeto hacia mí mismo y el respeto de mis conciudadanos. [...] Por esta razón, de acuerdo con mi mujer, y de parte de mis hijos, que son demasiado jóvenes para expresar una opinión personal, pero que aprobarían sin reserva esta decisión si estuvieran en edad de comprenderla, expreso mi resolución inquebrantable de no salir de la capital del Reich, incluso en caso de derrota, y preferir permanecer al lado del Führer para poner fin a una existencia que ya no tendrá valor si no puedo pasarla al servicio del Führer y cerca de él.

30 DE ABRIL, UN DÍA FUNESTO PARA LOS ÚLTIMOS NAZIS DEL BÚNKER

Después de los suicidios de Adolf y Eva Hitler, en plena tarde del 30 de abril de 1945, la cuestión que se plantea es la transmisión del testamento de Hitler al almirante Dönitz. Martin Bormann lleva la voz cantante. Sin duda piensa en destruirlo o en no confirmarlo, seguro de que los tres documentos* que en

* Véase el capítulo dedicado al doble suicidio de Hitler y Eva Braun, pp. 58 ss.

compañía de Goebbels ordenó enviar a Dönitz y a Schörner tardarán varios días en llegar a sus destinatarios. La comunicación es ahora muy difícil en un Reich devastado por la guerra. Máxime cuando Goebbels, que prepara el «suicidio» de toda su familia, ya no está realmente disponible, mientras que él, Bormann, no ha pensado en ningún momento en quitarse la vida y cuenta con huir del búnker. Sin embargo, Martin Bormann renuncia, sin duda porque sabe que su nombramiento sería rechazado por todos los militares que continúan combatiendo.

Los rusos están a solo unos pasos del búnker. Para quien fuera jefe de Propaganda del Reich solo hay tiempo para quitarse la vida. Otros habrían temblado, pero él no. Y menos aún cuando de este modo escapa a una condena a muerte garantizada.

Pero hay que contar con su esposa, Magda, a quien el sacrificio de sus hijos repugna. Sabe la suerte que les está reservada a las chicas, incluso a las más jóvenes, las niñas, si caen en manos de una soldadesca soviética llena de odio y atiborrada de vodka. Su esposo, por su parte, razona como político puro: no quiere que sus hijos se conviertan en comunistas.

Seis asesinatos y dos suicidios

Pero, entonces, ¿quién se encargará de dar muerte a los niños —varios de los cuales son además adolescentes—, sin que sospechen la suerte que les espera y se rebelen? Se acaba llamando al doctor Helmut Kunz, jefe de la Administración Médica de las SS y dentista de Magda (que sufre un absceso debajo de un puente del maxilar inferior). Kunz afirma que intentó persuadir a Magda Goebbels, en presencia de esposo, de que no practicara la eutanasia a sus hijos y propuso remitirlos al hospital o a la Cruz Roja. Sin embargo, hacia las 19:00 de ese 1 de mayo de 1945, Magda y Kunz entran en la habitación de los niños, en el *Vorbunker*. Kunz preparó las jeringas de morfina para dormir a los niños. Están todos despiertos y acostados sobre las camas. Kunz les explica que vino a inyectarles un medicamento para luchar contra los virus y las enfermedades que infectan el búnker. Pero su discurso les parece sospechoso. Helga y Hedwig, sobre todo, muestran su escepticismo. Y Magda tiene que intervenir. Sin ninguna emoción, afirma que esa vacuna es obligatoria y que todos los soldados del Reich y todos los niños respetables del régimen la aceptan. Sin embargo, Magda tiene que enojarse para forzar a Helga a aceptarla.

Una hora más tarde, todos los niños están profundamente dormidos. Según sus declaraciones, el doctor Kunz se niega entonces a romperles una cápsula de cianuro en la boca. Hecho prisionero por los rusos en el búnker en compañía de dos enfermeras el 2 de mayo de 1945, Kunz permanecerá diez años preso en la URSS antes de ser liberado. Después volverá a la RFA y se establecerá de nuevo como dentista, sin ser perseguido nunca. Muy apreciado por sus clientes, morirá en 1976.

Los Goebbels, siempre unidos, deciden entonces, al parecer, recurrir al doctor de las SS Stumpfegger —el mismo que envenenó poco antes a los perros del Führer— para asesinar a sus hijos. Dos testigos afirman haber visto a Stumpfegger entrar en la habitación fatal. Se trata de Werner Neumann, secretario de Estado de Propaganda, tan cercano a Goebbels, y el SS *Oberscharführer* (ayudante) Rochus Misch, guardaespaldas del Führer, a cargo de la comunicación del búnker. Acusan a Stumpfegger (que morirá en su intento de huir del búnker la noche del 1 al 2 de mayo de 1945, en compañía de Bormann: los dos se ven sin duda obligados a suicidarse para evitar su captura) de haber suministrado el cianuro y envenenado después a los seis niños. Sin embargo, nadie sabe realmente lo que ocurrió. ¿Es Stumpfegger quien fuerza la boca de los niños para que ingieran el cianuro contenido en las cápsulas de cristal? ¿O es, como parece más probable, la propia Magda Goebbels? Sin la presencia de su esposo, al parecer, pero con la ayuda de Stumpfegger, ella misma abrió la boca de cada uno de sus hijos y, después de colocarles la cápsula de cianuro, cerró a la fuerza sus mandíbulas para romper el cristal. Una vez cumplida su aterradora tarea, Magda sale precipitadamente de la habitación. Solo entonces se ahoga en lágrimas. Pero se repone rápidamente, mientras su marido acude para apoyarla. Entonces resuelve: «¡Todo terminó, ahora tenemos que pensar en nosotros!».

Hacia las 20:25, Joseph Goebbels y su esposa, uno detrás del otro, enfilan la escalera de caracol que conduce al jardín de la cancillería. El ayudante de campo de Goebbels, Günther Schwägermann (que logrará huir de Berlín al día siguiente), los acompaña. Goebbels va vestido con un abrigo y cubierto con su sombrero, Magda se ha puesto su mejor traje, sobre el que brilla la insignia de oro del partido nazi que el Führer le entregó cuatro días antes.

Allí, uno frente al otro, a unos metros del lugar donde fueron incinerados los cuerpos de Adolf y Eva Hitler, sacan cada uno una pistola y, poniéndosela en la sien, se disparan una bala en la cabeza en el mismo instante. Goebbels tiene cuarenta y siete años; su esposa, Magda, cuarenta y cuatro. Un soldado dispara varias balas contra los dos cadáveres, como Goebbels había pedido. Después Schwägermann rocía los dos cuerpos con gasolina y les prende fuego. Pero la combustión se efectúa con dificultad.

Los soviéticos hacen desaparecer todo rastro de la familia Goebbels

El 3 de mayo, o quizá el día 4, los soviéticos que entran en el búnker el día 2 localizan los cuerpos mal consumidos del matrimonio Goebbels y los identifican. Por supuesto, descubren inmediatamente los cuerpos de los seis niños, vestidos con sus pijamas, en su primera inspección del búnker. El vicealmirante

Hans-Erich Voss, que había intentado huir del búnker, es arrestado por los soviéticos. Interrogado, llevado a la presencia del cuerpo calcinado de Goebbels, lo identificará formalmente. Afirma que lo reconoce «por la forma de su cabeza, la línea de su boca, el soporte metálico fijado a su pierna derecha, su uniforme y la insignia de oro del partido nazi». Voss es internado y condenado por los soviéticos a veinticinco años de prisión antes de ser liberado de forma anticipada, en la RDA (República Democrática Alemana), en 1954.

Los restos de los ocho miembros de la familia Goebbels son trasladados a Rathenow e inhumados en un bosque cerca del pueblo de Neu Friedrichsdorf (en Brandeburgo), cerca de un emplazamiento de los servicios soviéticos del SMERSH. A finales del año 1945, los cadáveres son exhumados y de nuevo sepultados en la zona de guarnición de Magdeburgo (en Sajonia-Anhalt), en un lugar que se correspondía con los números 32 y 36 de la Westendstrasse. El secreto es bien guardado, para evitar cualquier acto de devoción. Finalmente, en 1970, la zona de guarnición rusa de Magdeburgo es restituida a la RDA por los soviéticos. Entonces, el jefe del KGB, Yuri Andrópov, para evitar que la tumba de los Goebbels se convierta en un lugar de peregrinación neonazi, ordena dispersar definitivamente sus restos. El 4 de abril de 1970, son desenterrados, metidos en cajas y apilados en una pira, cerca de Magdeburgo, en la comuna de Schönebeck. Las cenizas se dispersan después en el Elba, desde el parapeto del puente de Biederitz. Y de este modo desaparece para siempre jamás Joseph Goebbels, «el más fiel e inquebrantable escudero del Führer», como a veces lo llamaba Hitler.

4
HIMMLER

Un suicidio probable, pero con zonas de sombra

Nacido en 1900, en el seno de una familia católica muy estricta de la burguesía media bávara —su padre, después de haber sido preceptor del príncipe heredero, ejerce en Landshut la función de director de escuela, en tanto que su madre es hija de un comerciante de verduras saboyano—, el joven Heinrich Himmler no es un estudiante brillante y su padre lo alienta para alistarse como voluntario en el Ejército en 1918. Aspirante en el 2.º Regimiento de Infantería, ni siquiera tiene tiempo de incorporarse a su destino cuando se firma el armisticio. La guerra lo dejará sin dinero. Instalado en Berlín, estudia agronomía mientras financia sus clases universitarias con pequeños trabajos. Sus amistades dejan que desear, sobre todo, al parecer, su relación con Horst Wessel, un auténtico sinvergüenza más o menos proxeneta que llegará a ser uno de los jefes de las SA antes de morir en una pelea. Según Jacques Delarue en *Histoire de la Gestapo* (Historia de la Gestapo), Himmler se vio envuelto en la desaparición criminal de una prostituta, Frida Wagner, cuyos servicios había requerido. Tal vez incluso la había asesinado. Tras comparecer ante la justicia, fue absuelto por falta de pruebas. Sin embargo, este episodio no es recogido por ninguno de sus otros biógrafos, por lo que parece muy cuestionable. Ninguna otra fuente localizada lo menciona. Sin embargo, los devaneos sexuales estarán presentes durante toda su vida, como veremos, a pesar de su apariencia insignificante. ¡Incluso será cabeza de una doble familia! En general, la existencia de la tal Frida Wagner en su vida parece poco verosímil.

Himmler obtiene el título de ingeniero agrónomo en 1922 y es contratado en una fábrica de producción de abonos. Se muestra entonces como un nacionalista de lo más comprometido y se inscribe en un club de tiro. En 1923 ingresa en los Artamans, un pequeño movimiento de extrema derecha que venera a Artam, dios de la raza aria. Y también se adhiere a una agrupación de excombatientes (algo que, sin embargo, él no ha sido nunca). Su encuentro con Röhm decidirá su futuro. Se adhiere a Bandera del Imperio, una organización extremista alentada por Röhm. Y ahí está, totalmente consagrado al nazismo incipiente. A pesar de su juventud, participa en la abortada tentativa de golpe de Estado de Múnich promovida por Hitler, en noviembre de 1923. Después tiene problemas en el ámbito profesional. Ejerce durante algún tiempo la función de secretario de Gregor Strasser, el fundador del NSDAP, de quien seguirá estando muy cerca. Es un partidario entusiasta de las teorías de la Sangre y el Suelo (*Blut und Boden*) extraídas de la obra de Spengler, *La decadencia de Occidente*, un tipo de libro de culto del ruralismo que conmueve al ingeniero agrónomo que ahora es.

Un ascenso fulgurante

El 12 marzo de 1925 se encuentra con Hitler por primera vez. A partir de ese momento su ascenso político en el seno de la organización nazi no tendrá límites. En 1926 y 1927 ejerce primero como *Vice-Gauleiter* en la Baja Baviera y luego en la Alta Baviera-Suabia. Y en 1927 ayuda a Erhard Heiden en las SS, la organización que Hitler concibió como su guardia personal en noviembre de 1925 y que encomendó a Franz Pfeffer von Salomon.

En 1928 se casa con una mujer siete años mayor que él, Margarete Siegroth, de soltera Boden, que el año siguiente le da una hija, Gudrun. Los Himmler también adoptarán a un niño, Gehrard von Ahe, hijo de un SS muerto antes de la guerra. La pareja se instala en el campo, en una granja en la que Margarete cría un centenar de gallinas. En esa época, Heinrich Himmler está muy lejos de dar muestras de una gran fidelidad. Tendrá además dos hijos, un niño y una niña, con su secretaria, Hedwig Potthast, que fue su amante a partir de 1938. Además de múltiples aventuras con muchas alemanas anónimas que frecuentaban las Lebensborn que había creado y de las que volveremos a hablar.

La crisis económica alemana provoca la quiebra de la cría de aves de corral familiar: no le preocupa porque ya no necesita esos ingresos complementarios. Por otra parte, adquiere muy pronto una soberbia mansión cerca de Múnich, a la orilla del lago Tegernsee. Es catapultado a los primeros rangos del Estado nazi. El 6 de enero de 1929, Hitler lo nombra *Reichsführer*-SS, es decir jefe supremo de las SS. Unas SS que han pasado de ser un pequeño grupo de guardaespaldas (280) en 1929 a unos 30 000 hombres en 1933 y 53 000 en abril de 1934, y que en 1939 constituirán un conjunto impresionante, integrado por 240 000 hombres, organizados en divisiones y regimientos que abarcan tanto la seguridad del Reich como la gestión de los campos de concentración, incluso de sus actividades económicas entonces incipientes. Muchos SS son destinados entonces a la constitución de un ejército de combate rival de la Wehrmacht, la Waffen SS, cuyos efectivos aumentarán sobremanera a partir de 1940.

Dando muestras de una excepcional capacidad de trabajo, Himmler se adhiere sin reservas a la teoría racial de Hitler de forma puramente mecánica. Aunque consagra toda su vida a las SS y la Gestapo, no dirige nunca ni alabanzas ni reprobaciones. Pero es preferible no provocar el odio de este hombre que nunca deja traslucir un sentimiento.

Pero volvamos brevemente a su trayectoria. A partir de 1931 Himmler sabe apoyarse en un ser desaprensivo y sin principios, de múltiples dotes, que suma los talentos de esgrimista, violinista y jinete a una ausencia absoluta de ética: Reinhard Heydrich. Como Himmler, apenas respeta a las mujeres y fue expulsado de la Marina después de una promesa de matrimonio incumplida con la hija de un alto mando. Como Himmler, es un nacionalista desconfiado que frecuenta los ambientes turbios, después de su salida forzada de la Kriegsmarine. Como Himmler, sabe entonces agarrarse a los brazos que le tienden el NSDAP y los indeseables de las SA. Pero, a diferencia de Himmler, no es un ideólogo: es un hombre de poder sin el más mínimo escrúpulo que aplica con el máximo rigor la política criminal del nacionalsocialismo. Himmler favorecerá su carrera, muy rápida: jefe de la policía política bávara y, desde 1934, jefe de la policía secreta del Estado, la famosa Gestapo; por último, jefe de la Sipo (la policía de seguridad) en 1936. Heydrich, en plena comunión con Himmler, prestará grandes servicios al Reich apartando todos los obstáculos que se oponen al poder dictatorial de Hitler sobre Alemania, mediante operaciones tan turbias como sórdidas y brutales.

En septiembre de 1939, cuando la Alemania nazi se lanza a la Segunda Guerra Mundial, Himmler no deja de revisar sus ambiciones. Se imagina que somete al orden de las SS tanto al Reich como a Europa entera. Este hombre enclenque mira ahora con desdén a la «minoría selecta» nazi desde lo alto de sus 174 centímetros, y se erige en rival de Göring, el *Reichsführer*, con el que se entiende muy mal. Nunca deja traslucir nada. ¿Acaso no dispone tanto de la policía, la Gestapo, una fuerza de represión política extraordinaria, de los servicios de inteligencia —solo la Abwehr de Canaris, el servicio de la inteligencia del Ejército, sigue resistiéndose a la Gestapo—, del control de los campos de concentración e incluso de una auténtica fuerza militar, la Waffen SS? Se transformó en un temido ideólogo, fanático de la teoría de las razas y de la pureza aria. Alberga un odio visceral hacia los judíos. Quiere eliminar a los discapacitados y a los «anormales», en una eugenesia de la que no se libran ni los inválidos de guerra. Pero en su desordenada mente todos esos delirios se confunden un poco. Busca disciplinas nuevas para convencerse de la exactitud de sus creencias. Y se hace adepto del magnetismo, el mesmerismo, practicante de la videncia, favorable a la homeopatía incipiente y a la alimentación biológica. Por supuesto, es un ser torturado que amalgama conceptos y creencias, adivinaciones y esoterismos, odios raciales y mitos de pureza étnica.

Prácticas criminales entre 1933 y 1939

Con su ahora cómplice Heydrich, ejecutor de los trabajos sucios, despejarán todo obstáculo en el camino que conduce a la dictadura absoluta del Führer y a la imposición de su temible doble poder.

La larga serie de delitos comunes comienza con el incendio del Reichstag, el 27 de febrero de 1933, atribuido a los comunistas, que permite reducir a la nada el papel del poder legislativo. A continuación, en 1934 (con la complicidad de Göring y del Ejército), la Noche de los Cuchillos Largos y el asesinato de la mayoría de los altos dirigentes de las SA. Las orgullosas Secciones de Asalto, rivales de las SS, quedan reducidas a una simple fuerza de mantenimiento del orden. A principios de 1938, Himmler y Heydrich se esfuerzan, esta vez, en debilitar el Ejército eliminando al mariscal Von Blomberg, ministro de la Guerra, así como al general Von Fritsch, general en jefe del

Ejército, que se oponen al desarrollo de la Waffen SS y a la voluntad de Hitler de dirigir la Wehrmacht. Heydrich confecciona dos expedientes en gran medida falsos que acabarán con ellos. Primero contra el mariscal Von Blomberg, acusado de haberse casado con su secretaria, Margarethe Gruhn, una antigua prostituta de lujo fácilmente localizada por la policía alemana. Hitler exige entonces su dimisión, aunque asistió en persona a su boda. Después llega el turno del general Von Fritsch, eliminado gracias al testimonio de un delincuente que salió de la cárcel, Hans Schmitt, que denuncia su homosexualidad. Von Fritsch lo niega con vehemencia, consigue la constitución de un jurado de honor y queda exculpado, pero es despedido, por motivos de salud, por Hitler. Las SS lo eliminarán pura y simplemente durante la campaña de Polonia, en septiembre de 1939. Sin embargo, Hitler duda en alterar de nuevo el Ejército, conmocionado por los golpes injustos que se propinaron a sus mandos. Tampoco asume la jefatura suprema y encomienda a Von Brauchitsch el Ejército de Tierra. Pero espera a septiembre de 1939 y a la guerra en Polonia para autorizar a Himmler para que cree sus primeras divisiones militares Waffen SS.

Después, el 7 de noviembre de 1938, aprovechando la oportunidad que le brinda el asesinato del consejero de embajada Ernst vom Rath por un judío alemán de origen polaco, Herschel Grynszpan, que la Gestapo no ha organizado, desencadena una terrible represión antijudía en Alemania, la famosa Noche de los Cristales Rotos, que se desarrolla la noche del 9 al 10 de noviembre. El Führer afirma que se trata de una reacción espontánea del pueblo alemán, lo que es totalmente falso. Al contrario, los alemanes se retiran a sus casas, mientras un brote de violencia (las SA y las SS asumen la dirección) golpea Berlín y las grandes ciudades del país, pero también Viena, en Austria. El balance de este auténtico pogromo es absolutamente aterrador: 267 sinagogas incendiadas, cerca de 20 000 comercios destruidos (7 500) o saqueados (12 000), 91 judíos asesinados, sin tener en cuenta, al parecer, los numerosos suicidios de muchos judíos desesperados. Y sin contar el arresto de entre 26 000 y 30 000 judíos a los que de inmediato se arroja a campos de concentración.

Heydrich también se encarga de organizar una falsa agresión contra Alemania para permitir que Hitler desencadene una guerra de castigo contra Polonia. En el mes de agosto, Hitler desplaza 1.5 millones de hombres a lo largo de la frontera polaca y al mismo tiempo inicia una negociación fingida con Varsovia para la restitución del corredor de Dantzig a Alemania. Basta entonces con que las SS lleven a cabo un golpe de mano, el 31 de agosto de 1939, contra la emisora de radio alemana de Gleiwitz, dirigido por el espadachín Naujocks, una agresión atribuida inmediatamente a los polacos. Miembros de las SS se visten con el uniforme polaco mientras presos alemanes drogados, sacados de los campos de internamiento, interpretan a las víctimas alemanas. A partir de entonces el Reich puede agredir a Polonia con todo el derecho.

Por último, las SS habrían organizado un atentado contra Hitler en la cervecería Bürgerbräukeller de Múnich, el 8 de noviembre de 1939. El hombre que instaló la bomba, un tal Georg Elser, ¿fue manipulado por la Gestapo? Es cierto que se salda con siete muertos y sesenta y tres heridos, pero el Führer, que acudió a hablar a su vieja guardia y a festejar el aniversario del golpe de Estado fallido de 1923, sale indemne. Cuando explota la bomba hace tiempo que Hitler abandonó el local y no cabe duda de que los nazis modificaron el temporizador instalado por Elser. De hecho, Schellenberg (entonces miembro de la Ahnenerbe, dependiente del imperio de las SS) habría montado, por orden de Himmler, una operación de doble sentido. En un primer momento, los nazis acusan a Otto Strasser de haber sido el autor intelectual del atentado para vengar a su hermano Gregory, fundador del NSDAP, liquidado por orden de Hitler durante la Noche de los Cuchillos Largos. Esto es totalmente falso. En un segundo momento, arrestan, en territorio neerlandés, a dos agentes ingleses, Brest y

Stevens, acusados de haber financiado a Otto Strasser por orden de los servicios británicos. El objetivo, ciertamente sorprendente, es acabar para siempre con la influencia de los Strasser en el partido nazi. Pero también demostrar la duplicidad inglesa, cuando el Führer abandonó toda esperanza de una paz separada con Gran Bretaña. En cuanto a Elser, se beneficiará de un régimen de favor en los campos en los que lo encierran, al menos hasta el 16 de abril de 1945. Himmler da entonces la orden de acabar con él para borrar toda huella de la manipulación del atentado de 1939. La radio alemana, servil, anuncia que murió en un bombardeo.

La implacable Orden de las SS

Poco a poco, los tentáculos de las SS se constituyen, se reafirman y se extienden. Himmler estructura sus SS de forma compleja, bajo su dominación exclusiva. Simplificando, el *Reichsführer*-SS dispone de tres instrumentos principales:

- La RSHA (Oficina Principal de Seguridad del Reich), que lo abarca todo, es decir el conjunto de tareas de seguridad, y dispone de siete oficinas, cuatro de ellas esenciales: la Amt III, es decir, el SD (Inteligencia y Mantenimiento del Orden); la Amt IV, es decir, la Gestapo; la Amt V, es decir, la Kripo (policía criminal), y la Amt, VI, es decir, el SD, Ausland (inteligencia en el extranjero). Es, obviamente, el instrumento principal de Himmler y su adjunto, Heydrich, mientras que Heinrich Müller, el jefe de la Gestapo, y Walter Schellenberg, el del SD Ausland, son sus dos colaboradores más cercanos.
- La RuSHA (Oficina para la Raza y el Asentamiento) que abarca también la WVHA (Oficina Central para la Economía y la Administración de las SS), el RKFdV (Comisario del Reich pera el Fortalecimiento del Germanismo),

la VoMI (Oficina de Enlace para los Alemanes de Origen), la Lebensborn —la fábrica de niños nazis (doce clínicas para partos de mujeres embarazadas de miembros de las SS)— y, por último, la Ahnenerbe (Sociedad para Investigación y Enseñanza de la Herencia Ancestral).
- El instrumento militar de la Waffen SS, que agrupará en su apogeo a treinta y ocho divisiones con 800 000 hombres.

Himmler tiene el objetivo de desarrollar el peso de la Waffen SS, una fuerza militar, al mismo tiempo que forma grupos de hombres decididos, paramilitares, los *Einsatzgruppen*. Están listos para matar, tanto para hacer realidad el sueño nazi de conquista de espacio vital al este, como para erradicar la «raza judía» del suelo europeo. Durante la ofensiva en Polonia de septiembre 1939 a Himmler no le pasa inadvertido que sus tropas de las SS, mal formadas, sufren un número de pérdidas muy superior al de la Wehrmacht. Entonces nombra a Gottlob Berger a su mando para intentar curtirlos. En mayo de 1940 solo dos divisiones de las SS combaten contra Francia. A finales de 1940 las tropas de las SS no superan los 80 000 hombres, apenas entre el 1 y el 2% del total de efectivos movilizados. Por último, en 1944, los 800 000 combatientes de las SS apenas representan el 5% de los efectivos de la Wehrmacht. En cuanto a los *Einsatzgruppen*, que reúnen a cuatro grupos de asesinos, en muchos casos titulados de la enseñanza superior, unos 5 000 hombres, serán los ejecutores de la abyecta *Shoah,* a balazos, tanto en Polonia como en la URSS, y asesinarán a entre 1.1 y 1.2 millones de judíos (y a miles de gitanos).

La RuSHA realiza inmensas tareas: selección racial, reasentamiento en Alemania de los alemanes de origen que llegan del este, deportación de polacos y judíos, gestión de los campos de concentración y de exterminio. Su órgano rector es innegablemente la WVHA, que incluye, al principio, tres grandes oficinas llamadas Amt I (Presupuesto y Finanzas), Amt II (Construcción de Campos y Edificios) y Amt III (Edificación de Fábricas). A partir de 1942 se instaurarán cinco Amt: A, B, C, D y W; la Amt A se ocupa entonces de administración y finanzas, la Amt B gestiona los suministros y los equipamientos de las SS (uniformes, alimentos, acantonamientos, armamento...), la Amt C se encarga de las fábricas SS (construcción, alimentación, madera, cemento, ladrillos, armas...), la Amt D se ocupa de los campos de concentración (en particular de los 700 000 presos políticos) y de exterminio, aplicando la Solución Final (más de cuatro millones de judíos exterminados en las cámaras de gas), y por último, la Amt W tiene la responsabilidad de la administración de los asuntos económicos, por ejemplo la construcción de edificios industriales subterráneos (que son necesarios a causa de los bombardeos aliados). Son las Amt las que organizan la recuperación de los bienes de los judíos gaseados: dientes de oro fundidos en lingotes que se llevan al Reichsbank, joyas, ropa, dinero en efectivo, cabellos transformados en crin para colchones. Poco a poco, esos campos de internamiento acogen cada vez más a categorías diferenciadas de seres humanos: prisioneros de guerra, trabajadores voluntarios (por ejemplo, los del relevo que llegan de Francia), deportados de los países ocupados (por ejemplo, los movilizados del STO, el Servicio de Trabajo Obligatorio, del mismo origen), judíos considerados aptos para el trabajo. En total, unos siete millones de personas. Todas se ponen a disposición de los industriales alemanes, cuyos efectivos se esfumaron a causa del envío de los trabajadores al frente.

Las SS, fuerza motriz del régimen, se volverán cada vez más fanáticas: los miembros de la Waffen SS combaten hasta la muerte; las fábricas SS adquieren un peso creciente (producción de V1 y V2) en el marco de la guerra total; la Solución Final se endurece aún más con la deportación en 1945, cuando todo está perdido, de varios cientos de miles de judíos húngaros, todos gaseados antes de la caída definitiva del Reich.

Himmler se siente todopoderoso: manda espiar a todos los grandes dirigentes industriales, obligados a abonarle imponentes sumas anuales, y actúa de igual modo con mariscales y generales, preparando informes sobre sus actividades militares y fichas individuales de valoración. En cuanto a la Abwehr, es excluida poco a poco por la Gestapo, antes de que su jefe, el almirante Canaris, sea ejecutado finalmente, a principios de abril de 1945, por haberse involucrado en la conspiración contra Hitler de julio de 1944.

La espantosa aplicación de la Solución Final

El enorme poder de Himmler se basa en un hecho sencillo. Hitler le considera el único capaz de llevar a buen término el proyecto al que se debe esencialmente: la recomposición racial de Europa en beneficio de la raza alemana. ¡Que perezcan los once millones de judíos europeos, pero también decenas de millones de «seres inferiores», los eslavos! Metódico y entregado, Himmler es el hombre que el Führer necesita. Con la conferencia de Wannsee, el 20 enero de 1942, el siniestro trío formado por Hitler, Göring y Himmler da luz verde a la Solución Final, aunque las grandes matanzas de judíos comenzaron mucho antes en Polonia y la URSS, no solo a tiros, sino también ya por gaseado, en camiones equipados al efecto. En realidad, la conferencia de Wannsee señala el paso de una lógica de exclusión y expulsión de los judíos a una lógica de evacuación hacia los países del este para su ejecución. En efecto, los nazis pensaron primero en trasladar a los judíos a Palestina (Eichmann incluso se desplazó a la zona) y después a la isla de Madagascar (proyecto poco realista, sobre todo por la debilidad de la marina mercante alemana). Ahora, a principios del año 1942, se trata de arramblar con los judíos y transportarlos, en tren, hacia el este, donde quedarán hacinados en campos de trabajo. Y donde morirán en gran número debido a las duras condiciones que les estarán reservadas. Así pues, esta Solución Final no se formaliza realmente y nunca se formalizará. Será

Himmler quien organice las cosas como él sabe hacerlo, aplicando una orden sencilla: impedir todo «renacimiento judío» mediante una matanza pura y dura.

Sin dejar nada al azar, Himmler concibe varios tipos de campos:

- Los campos para prisioneros de guerra: *Oflag* (*Offizierslager*) para los oficiales y *Stalag* (*Stammlager*) para la tropa.
- Los campos para mujeres, por ejemplo Ravensbrück (pero también el castillo de Lichtenburg), establecidos en 1939.
- Por último, los campos de concentración (*Konzentrationslager*) y de exterminio (*Vernichtungslager*).

Los primeros son administrados por Oswald Pohl, el jefe de la WVHA, mientras que el SD controla los campos de exterminio. Pohl pone al servicio de la economía alemana un gran número de detenidos en los campos, a costa de una tasa de mortalidad pavorosa. La policía alemana y las SS son las que actúan en Polonia y aseguran el gaseado de los judíos en los campos de exterminio abastecidos por la Gestapo y la Sipo. Tropas específicas de las SS, denominadas *Totenkopf* (Cabeza de Muerto), secundadas por *kapos* (detenidos por delitos comunes), aseguran la vigilancia y la gestión de los flujos. Sin duda unos cuatro millones de judíos son gaseados en los campos de la muerte entre 1942 y 1945, de los que dos millones son polacos, 700 000 húngaros, 250 000 checos y 250 000 rumanos, pero también hay bálticos, franceses, belgas, holandeses... A este balance hay que añadir el de los *Einsatzgruppen*, el de la *Shoah* a tiros, así como la «reducción militar» por el ejército alemán de ciertos guetos urbanos que provoca la muerte de aproximadamente un millón y medio de judíos, principalmente polacos, rusos, bielorrusos y ucranianos. Y no podemos olvidar el alto precio que pagaron los gitanos, del orden de 220 000 víctimas.

La «depuración racial» se ejecuta con la participación incluso de las propias víctimas. Las SS se muestran inhumanas y maquiavélicas. Son comandos judíos los que conducen a sus correligionarios a la muerte, es decir a las cámaras de gas. Y son otros comandos judíos los que sacan los cadáveres de los gaseados. La esperanza de sobrevivencia dentro de los comandos no es mucha, pero todo el mundo espera estar entre los sobrevivientes. A su llegada al campo, las mujeres más bellas fueron seleccionadas para saciar los deseos sexuales de los verdugos o servir de mujeres a los soldados. También se aparta a los hombres con buena salud, a los que se envía inmediatamente hacia las unidades de producción industrial, tanto si pertenecen al Estado, a las SS o al sector privado. Algunos judíos deportados incluso son integrados en el ejército, con destino a la URSS, para intentar cubrir las colosales pérdidas que allí sufre la Wehrmacht. También está confirmado que cientos de médicos seleccionaban cobayas humanos para sus experimentos *in vivo*.

Así funciona la atroz maquinaria de los campos de la muerte.

En 1934, las SS aseguran el control y la creación de todos los campos, incluido el de Dachau, que data, es cierto, de 1933. Con sus campos secundarios y sus depósitos, los nazis, es decir, las SS, lograrán hacer funcionar —campos de concentración y de exterminio conjuntamente— 1850 instalaciones en toda Europa, solo una de ellas en Francia, el Struthof. El primer campo de exterminio no data de 1941, sino de 1942: se trata del de Chelmno, en Polonia. Más adelante se implantan los campos de exterminio de Belzec, Sobibór y Treblinka, todos en Polonia, antes de que amplios conjuntos concentracionarios y de exterminio vean la luz en Auschwitz-Birkenau y Lublin-Majdanek, también en Polonia. En total, el Reich cuenta por tanto con seis campos de exterminio y treinta y nueve campos de concentración principales, veintisiete de los cuales están en Alemania y Austria, seis en Polonia, tres en los Países Bálticos y en los Países Bajos, Francia y Ucrania. A estas instalaciones hay que sumar seis centros de exterminio, cinco de ellos situados en

Alemania y uno en Austria, utilizados para sacrificar a enajenados y anormales en el marco del programa oficial de eutanasia.

Un balance inimaginable

Himmler, uno de los más grandes criminales de todos los tiempos, comienza su siniestra tarea en Polonia con la invasión de 1939. Los *Einsatzgruppen* actúan en la retaguardia de la Wehrmacht y proceden primero a la eliminación de las élites polacas (50 000 profesores, oficiales, eruditos, religiosos, aristócratas, comerciantes, intelectuales, propietarios de tierras). Después se ocupan de los tres millones de judíos locales, un tercio de los cuales matan a tiros mientras los dos tercios restantes son trasladados a los campos para ser gaseados. Los soviéticos rematan la obra nazi masacrando, en su zona de ocupación y en la primavera de 1940, a 12 000 oficiales polacos en Katyń y a unos 12 000 universitarios, estudiantes y escritores en Járkov y Kalinin. Pocos judíos polacos escaparon a la muerte, apenas el 10% de ellos.

Pero la locura de la Orden Negra apenas conoce límites. Himmler declara que las grandes líneas directrices de su actuación «significan la lucha por el exterminio de los infrahombres del mundo aliados contra Alemania, poseedora de la cultura del género humano». La conquista de una parte de la Rusia europea por la Wehrmacht permite a Himmler y Heydrich implantar Grupos Especiales con el objetivo de masacrar a eslavos y judíos. El *Reichsführer*-SS considera incluso que sería necesario matar a treinta millones de rusos para aniquilar totalmente el alma eslava. Y no está tan lejos de conseguirlo, ya que las pérdidas soviéticas alcanzan entre veintitrés y veinticinco millones, de los que diez millones son militares y trece millones civiles (de una población total de aproximadamente ciento veinte millones), a los que hay que sumar del orden de dos millones de judíos, sobre todo ucranianos y bielorrusos.

En cuanto al número total de judíos europeos víctimas del Holocausto, se eleva, como sabemos, a cinco millones y medio, incluso seis millones.

A todos estos crímenes hay que sumar muchos otros, sobre todo en Alemania, donde el programa de eutanasia Aktion T4 da lugar a la ejecución de al menos 75 000 enajenados, homosexuales, discapacitados y «anormales». El programa continúa, a partir de 1942, con una nueva iniciativa denominada Aktion 14, 13 F, cuyo objetivo es la eliminación de los detenidos enfermos de los campos y que causa otras 20 000 víctimas. Estas dos estimaciones son sin duda inferiores a las cifras reales y después de la lectura de las actas de los trece procesos celebrados en Núremberg calculamos, como Ian Kershaw, que 150 000 personas, en su inmensa mayoría alemanas, fueron víctimas de estas iniciativas. Los dos programas son dirigidos por dos hombres, Philipp Bouhler, que se suicidará para escapar a su justo castigo, y el doctor Karl Brandt, que será condenado a muerte y ejecutado por los americanos.

Pero hay algo peor: miles de prisioneros de guerra y detenidos (principalmente rusos, ucranianos, checos y polacos), también judíos y gitanos, son entregados a médicos de las SS para que hagan experimentos *in vivo* en los campos, en nombre del «progreso de la ciencia» y de la «salvaguardia de los soldados alemanes». El caso de unas 2 000 víctimas está perfectamente documentado, pero la estimación realista del número de mártires de la supuesta ciencia médica alemana debe de estar bastante cerca de los 10 000. Algunas y algunos sobrevivieron, a costa de inmensas discapacidades y traumas.

SACHSENHAUSEN: LA GUARIDA DEL MONSTRUO

Construido en 1936, el campo de Sachsenhausen se edificó a unos treinta kilómetros de Berlín, cerca de otro campo, Oranienburg. A menudo se les designa conjuntamente con un único nombre. Sachsenhausen es el cuartel general de Himmler: allí implanta la IKL (*Inspektion der Konzentrationslager*), organismo de inspección de los campos convertido después en la Amt D de la WVHA. El *Reichsführer*-SS quiere que sea un modelo, tanto en el aspecto arquitectónico como por las actividades que allí se desarrollan. Y transforma profundamente su vocación original, pues el campo estaba dedicado al encarcelamiento de presos políticos alemanes y de judíos víctimas de la Noche de los Cristales Rotos. En noviembre de 1941 lo dota de los primeros camiones equipados con cámaras de gas y en 1943 de una cámara de gas que funciona con Zyklon B. El número de los abominables hornos se eleva a cuatro en 1944. El campo albergaba un promedio de 70 000 detenidos, custodiados por unos 6 000 SS, y en sus cámaras de gas desaparecieron unas 100 000 víctimas.

Sachsenhausen está dotado de laboratorios que trabajan en la investigación de las razas y la herencia. El campo alberga también gabinetes de estudio dedicados a los nuevos armamentos que cuentan con prisioneros de alto nivel científico. Por último, forma a especialistas encargados de la gestión y la represión para los otros campos. Y es allí donde se recoge, antes de su uso, el producto de las rapiñas a los judíos asesinados: dientes de oro, joyas, dinero en efectivo, ropa, relojes, plumas estilográficas, encendedores, carteras y monederos, cabellos. Himmler los hace reciclar en sus fábricas, por lo que constituyen un botín de guerra.

Desde Sachsenhausen, Himmler ordena encontrar, en todos los campos, hombres y mujeres cualificados para su DES (*Deutsche Erd- und Steinwerke*), empresa especializada en la explotación de canteras de granito y en el suministro de materiales de construcción, pero también para sus unidades de producción metalúrgica (fundiciones), para las de productos químicos, tejidos y armamento. Himmler sabe imponer a los industriales privados (y también a los estatales) tanto el pago de la mano de obra que pone a su disposición como el de los guardianes de las SS encargados de la vigilancia. El *Reichsführer*-SS exige a menudo como pago un porcentaje de su producción.

Por último, como gran maestre de todas las policías, posee autoridad sobre la Orpo (policía ordinaria de mantenimiento del orden) y la Sipo, es decir la Gestapo y la Kripo, las policías políticas y criminales, encargadas de la inteligencia y de la represión. Gracias a ellas, teje una red por toda Europa. En Francia, por ejemplo, la Gestapo introdujo una veintena de implantaciones regionales, las KDS (*Kommandeure der Sipo-SD*), que luchan contra las resistencias locales. Himmler sabe reclutar en los países ocupados a agentes locales que combatan las formas de resistencia. En Francia, los colaboracionistas franceses o gestapistas franceses son del orden de 32 000.* Y gracias a los acuerdos suscritos con Bousquet, Heydrich, justo antes de su muerte, consigue implicar a la policía francesa, que es la que arresta a los judíos (franceses y extranjeros) a los que se va a deportar hacia los campos de la muerte. Unos franceses combaten a otros franceses, judíos y resistentes, para mayor beneficio de la Alemania nazi.

Evidentemente, el poder de Himmler se basa en tres elementos: un sistema concentracionario que le proporciona una mano de obra (millones de seres humanos) que puede utilizar directamente o, sobre todo, monetizar ante industriales públicos y privados; un sistema represivo constituido por las temidas Gestapo y Kripo, que provocan pavor; y una Waffen SS, esbozo de un verdadero ejército, independiente del régimen, que solo a él debe obediencia.

Un ideólogo depravado

Tras la lectura de *Der Mythus des 20. Jahrhunderts* (El mito del siglo XX), escrito por su colega Rosenberg, uno de los ideólo-

* Véase Philippe Valode y Gérard Chauvy, *La Gestapo française*, Acropole, 2018.

gos del Partido —el más conocido—, Heinrich Himmler recupera por su cuenta el mito de la sangre nórdica, la más pura, de la que las SS serían la encarnación. Y que «permitiría defender con la sangre la esencia divina del hombre en general». De ahí su odio al cristianismo. Sin embargo, todas estas elucubraciones lo llevan, a él, el hombre de corazón seco que no debe de mirarse con demasiada frecuencia en el espejo, a preconizar criterios discriminatorios que impone a las SS: estatura mínima de 1.70 metros, «pureza aria», matrimonio con una mujer «de la misma raza». El SS también debe dar muestras de valentía, fidelidad y sentido del honor. Su tarea es clara: luchar ferozmente contra el judío, el masón, los sacerdotes católicos y los jesuitas (de los que, sin embargo, Hitler dice admirar la organización muy jerarquizada y la implantación internacional). Disciplinado, obediente, con formación militar (a ser posible, previamente en la Wehrmacht, pues Himmler comprende cuál es el precio de no estar entrenado), dispuesto a sacrificarse por la patria, el SS también debe ser un buen ciudadano. Y por tanto procrear: ¡Alemania necesita carne de cañón! No menos de cuatro hijos por pareja.

La doble «S» rúnica, el sol negro, el relámpago blanco del rayo, el águila alquímica, todo opone esta sigla de las SS a la cruz de Cristo y a la estrella de David. En cuanto a la divisa de las SS, «Mi honor es mi fidelidad», no merece más comentario que el recuerdo de la condena del movimiento como organización criminal por el tribunal de Núremberg.

Punta de lanza en la eliminación del pueblo judío en Europa, las SS no dejan de deshonrarse de la manera más vergonzosa.

Guiado por sus fantasías, a causa de su ausencia de formación histórica digna de ese nombre, Himmler pretende crear una orden SS con sus ritos, sus castillos, su Tabla Redonda, sus juramentos. No hace falta insistir en los gastos excesivos que entonces se destinan a mantener con vida la Orden.

Ante Himmler se alzan dos adversarios temibles.

Primero, el OKW y el mando general del Ejército, para quienes la Waffen SS es un cuerpo de refuerzo y los *Einsatzgruppen* unos asesinos, aunque no dudan en recurrir a ellos en caso de necesidad.

La respuesta de Himmler consiste en hacer todo lo posible por hundir el servicio secreto del Ejército, la Abwehr, y a su jefe, el almirante Canaris. Consigue imponer la Gestapo en la guerra de la información y la lucha contra la resistencia en los países ocupados en el segundo semestre 1942. Después elimina a la Abwehr tras el atentado del 20 julio de 1944, a causa de la actitud sospechosa del almirante. Al mismo tiempo, hace todo lo posible por reforzar los efectivos de la Waffen SS. Pero en 1943-1944 es difícil encontrar alemanes que puedan ser movilizados, a excepción de las decenas de miles de dirigentes enchufados del NSDAP y del Frente Alemán del Trabajo. Hitler lo apoya cuando propone recurrir a tropas extranjeras. Pronto vendrán 250 000 holandeses, letones, caucasianos, flamencos, valones, ucranianos e incluso franceses —la Legión de Voluntarios Franceses (LVF) y la División Carlomagno— a reforzar a los 600 000 hombres de la Waffen SS. Pero, incluso con más de 800 000 soldados, las SS cumplen con las expectativas de la Wehrmacht.

En efecto, la Gestapo, los servicios de inteligencia y las diferentes policías están muy presentes en Alemania, pero los efectivos en los países ocupados no son muy importantes. En Francia, por ejemplo, se sabe que la Gestapo propiamente dicha solo cuenta con entre 2 500 y 3 000 agentes alemanes. De todos modos, en total son 250 000 especialistas los que actúan en todas las Amt del SD y de la RuSHA.

La conspiración de julio de 1944, en la que están implicados muchos militares de alto rango, debilita a la Wehrmacht, pero la situación es tan catastrófica que Hitler no puede desautorizarla. Solo ella posee todavía reservas para combatir.

Cuando todo está perdido, el *Reichsführer*-SS no cede: desde septiembre hasta diciembre de 1944 alista en Alemania a cerca de 500 000 hombres, básicamente jubilados y adolescentes, en la milicia denominada Volkssturm («Tormenta del Pueblo»). Será esta milicia la que resista hasta el final en Berlín. Y destina a 300 000 mujeres al servicio de la Flak (la defensa antiaérea alemana).

El otro adversario de Himmler se llama Albert Speer. Nombrado ministro de Armamento y Producción de Guerra por Hitler a la muerte de Todt, el 8 de febrero de 1942, tiene todos los poderes para reactivar la maquinaria de producción alemana de armas de guerra. Sabe apoyarse en el número dos de la Luftwaffe, el mariscal Erhard Milch, que copreside el Consejo de Planificación Central, pero también en Carl Krauch, el dirigente de la IG Farben. Moviliza también a su segundo, Karl Saur, y domina con su fuerza mental a Fritz Sauckel, plenipotenciario general para la movilización de la mano de obra. Alista, por último, a toda una pléyade de ingenieros en organización de producción y de transporte. Y gana, para terminar, la apuesta de enderezar la fabricación alemana de armamento. A principios de 1944 no son armas lo que le falta al Reich, sino pilotos, tripulantes de submarinos, dotaciones de tanques.

Este huracán inesperado que desencadena Speer, un hombre muy organizado y de mente brillante, toma a Himmler desprevenido. Sabe aumentar el peso de sus propias fábricas, pero no puede rivalizar con el grupo Krupp, la IG Farben, el grupo Flick y tantos otros que apoyan plenamente a Speer. Entonces decide trasladar su esfuerzo a la producción de armas revolucionarias que puedan alterar la suerte de la guerra. Y el *Reichsführer*-SS comienza a reclutar, abandonando sus teorías raciales, a químicos y físicos encerrados en los campos, entre judíos, franceses, checos, belgas, incluso polacos. En Dora, bajo tierra, comienza el gran desafío de la producción de las V1, V2 y V3.

Cerca de 13 000 cohetes destructivos se producirán así. Pero muchos de ellos resultan poco fiables por los numerosos sabotajes ejecutados por los prisioneros de guerra y los detenidos extranjeros. A Himmler también le gustaría desarrollar el arma atómica. Pero debe contentarse con un avión a reacción experimental. Mientras, Hitler se niega a utilizar el arma bacteriológica por temor a represalias.

Después del fracaso absoluto de la contraofensiva de las Árdenas, en enero de 1945, Himmler sabe que la guerra está perdida. Desde hace meses comenzó a pensar, a sugerencia de su colaborador Schellenberg, en su futuro personal. A pesar de sus inmensos crímenes, ¿no es, gracias a su poder, el mejor situado para hacer frente al futuro y tratar de negociar con los Aliados occidentales? Los hechos que siguieron demostrarán su inverosímil error de análisis.

¿CÓMO ESCAPAR AL MERECIDO CASTIGO?

La muerte de Heydrich en junio 1942 deja a Himmler perplejo. Heydrich era entonces, más que su rival para el puesto de ministro del Interior, su segundo en la RSHA. Entonces tarda voluntariamente seis meses en sustituirlo al frente de la RSHA, en enero de 1943, por Ernst Kaltenbrunner, un hombre que no tiene en absoluto la misma aura y no podría llegar a ser un competidor. Convertido en el superior de Eichmann, Kaltenbrunner finaliza victorioso el combate contra la Abwehr, al mismo tiempo que continúa activamente las operaciones de gaseado de judíos en el marco de la Solución Final. Dirige con ferocidad la represión contra los conjurados del 20 julio de 1944. Pero él también, al igual que su jefe, piensa que el Reich perdió la guerra. Y se esfuerza en entablar una relación con los Aliados, apoyando de este modo el esfuerzo de Himmler.

Himmler, con la complicidad de Schellenberg, es el primero que intenta encontrar un camino de salvación, sin avisar a Hitler, desdoblando los Asuntos Exteriores a cargo del muy mediocre Ribbentrop (que acaba enterándose, pero se calla pensando en su propia suerte). En mayo de 1944, a través de Eichmann, Himmler propone a Joseph Brand, del comité de ayuda sionista, el Va'adat Ezrah Vehatzalah (Vaada), el intercambio de 700 000, incluso un millón de judíos por 10 000 camiones, a entregar en Salónica, con vistas a reforzar las capacidades del ejército alemán. La operación fracasa.

A partir de ese momento las negociaciones se multiplican en una maraña que no resulta fácil desenredar y, sobre todo, al parecer, en la total ignorancia de Hitler. Desde el 16 de enero de 1945 el Führer está completamente aislado del mundo en su búnker berlinés. En realidad, tan aislado como lo estaba antes en su Guarida del Lobo, en Prusia Oriental, donde pasó más de ochocientos días entre el 23 de junio de 1941 y el 20 de noviembre de 1944.

El expresidente de la Confederación Helvética, Jean-Marie Musy, también en 1944, interviene después del fracaso del mes de mayo anterior, con el apoyo de la delegación suiza de la agencia judía HOFJES, para tratar de conseguir la evacuación de deportados hacia Suiza. Primero se habla de 30 000 judíos. Finalmente, Eichmann, el SS Kurt Becher (que dirige la sección económica del mando operativo en Hungría) y Rezso Kasztner, del Vaada, se ponen de acuerdo en la liberación de 1 368 judíos, que se entregan efectivamente a Suiza a principios de diciembre de 1944.

A principios de enero de 1945 se multiplican los contactos entre el CICR y los responsables de los campos, especialmente Emil Berndorff, de la Gestapo, y Richard Glücks, que dirige su administración. El 15 enero habría tenido lugar una primera cita entre Musy y Himmler que permitió una apertura. Los primeros compases son rápidos, pues lo que se pretende es demostrar la humanidad del *Reichsführer*-SS. Los alemanes aceptan el envío de medicamentos a los detenidos a través del

CICR, como también la expedición de paquetes, sobre todo a los detenidos franceses y belgas.

Entonces entra en escena el conde sueco Folke Bernadotte, miembro de la familia real, diplomático de carrera y, lo más importante, destinado en Berlín como vicepresidente de la Cruz Roja sueca. El conde tiene encomendada la tarea de garantizar un buen trato a los 1 600 policías daneses internados y también a los 600 estudiantes noruegos deportados. Bernadotte sabe obtener, gracias a la intermediación del masajista de Himmler, Felix Kersten, la liberación de algunos internados, especialmente las de cincuenta suecos y cincuenta noruegos.

El primer contacto entre Himmler y Bernadotte se habría desarrollado el 19 de febrero de 1945, precedido los días 17 y 18 y seguido el 20 y el 21 de conversaciones entre el conde y los colaboradores más cercanos del *Reichsführer*-SS. Schellenberg, naturalmente, Kaltenbrunner e incluso Ribbentrop intervienen finalmente en las conversaciones. ¿Es posible que incluso Heinrich Müller, el jefe de la Gestapo, esté informado? Se decide entonces agrupar a todos los detenidos escandinavos en el campo de Neuengamme con miras a su evacuación fuera del Reich. Himmler espera mucho más de Bernadotte y desea por tanto convertirlo en un aliado.

El 7 de marzo de 1945 tiene lugar una segunda entrevista entre Bernadotte y Himmler que desemboca en la autorización del traslado de los detenidos escandinavos del campo de Sachsenhausen, donde están internados, hacia Neuengamme. El desplazamiento se concreta el 15 marzo siguiente. También afecta a otros seiscientos detenidos de campos distintos de Sachsenhausen.

Animado por estos resultados, el delegado especial del CICR, Meyer, llega a Berlín el 29 de marzo siguiente. Un día después se entrevista con Himmler. Entonces pueden desarrollarse distintas evacuaciones. Pero a Himmler, ante la desastrosa degradación de la situación militar del Reich, ya no le queda tiempo. Promete preservar los campos y se niega a aplicar la orden de destrucción de Hitler. Incluso se entrevista, el 21 de abril de 1945, con Masur, representante del Congreso Judío Mundial, para demostrar que no es en modo alguno antisemita e incluso llega a asegurar que jamás se mató a ningún judío en los campos (¡increíble!). Se concede entonces la liberación de las detenidas francesas del campo de Ravensbrück. Huelga precisar que la palabra de Himmler perdió toda credibilidad cuando el descubrimiento de 13 000 cadáveres en Bergen-Belsen el 15 de abril precedente, por las tropas canadienses e inglesas, es noticia en la prensa británica desde hace cuarenta y ocho horas, tras permitirse la entrada de los periodistas en sus instalaciones.

Muy pronto, el 24 de abril, a la luz de las velas (pues los incesantes bombardeos aliados destruyeron la red eléctrica), en el sótano del consulado sueco en Lübeck, se desarrolla un último contacto entre Bernadotte y Himmler. Esta vez, el alemán se juega el todo por el todo, con la esperanza de haberse ganado en grado suficiente la confianza de su interlocutor sueco. Himmler pide a Bernadotte que transmita a los Aliados occidentales y a su general en jefe, Eisenhower, su propuesta de capitulación en el frente occidental. El objetivo es doble: favorecer un avance más rápido de las tropas aliadas hacia el este y permitir al Reich concentrar sus fuerzas para hacer frente a la ofensiva soviética. De hecho, la Wehrmacht ya no existe. Bernadotte apenas deja esperanzas a su interlocutor, pero promete transmitir su propuesta. Pone una condición: la inclusión de Noruega y Dinamarca en la zona evacuada por las tropas alemanas. El sueco vuelve de inmediato a Estocolmo y transmite la idea a su ministro de Asuntos Exteriores. La respuesta de Eisenhower es inmediata: no habrá paz separada. De nuevo en Lübeck el 25 de abril de 1945, Bernadotte informa el resultado directamente Himmler, quien no comprende que los Aliados no traten con él cuando sigue siendo el único que dispone de tropas, las del general SS Felix Steiner. Y cuando demostró su capacidad militar, a finales de 1944, durante la ofensiva de las Árdenas. Los americanos lo recuerdan muy especialmente, porque el SS Sepp Dietrich masacró a los soldados que había hecho prisioneros el 17 de diciembre de 1944 en Baugnez, al sur de Malmédy. Es más, a Eisenhower le resultan insoportables los abominables descubrimientos de sus tropas el 11 de abril de 1945, tanto en Dora como en Buchenwald, y después en Dachau el 25 de abril y en Mauthausen el 5 de mayo.

Sin embargo, desde el 21 de abril, ante el avance soviético, Himmler se esfuerza en vaciar el campo de concentración de Neuengamme y los de Sachsenhausen y Ravensbrück, abandonando por tanto su cuartel general. Se da la orden de destruirlo todo antes de la evacuación hacia Schwerin, en el norte. Pero ¿cómo borrar todas las huellas de semejante cúmulo de crímenes?

Dos días más tarde, tras una indiscreción voluntaria de los Aliados, la noticia del rechazo de Eisenhower a la propuesta de Himmler llega al interior del búnker donde se guarece Hitler.

La reacción de Hitler

El 23 de abril de 1945, Hitler y Himmler hablan por teléfono por última vez. El *Reichsführer*-SS quiere convencer al Führer de que se refugie en los Alpes. Pero Hitler ordena a Himmler que se reúna con él en el búnker. Himmler, prudente, aduce como pretexto una enfermedad que le impide desplazarse.

La noche del 28 de abril se conoce el anuncio de la traición de Himmler, que sin derecho negocia la capitulación por su propia cuenta. Sin embargo, una primera alerta se activa el 27, con la desaparición del general Hermann Fegelein, el oficial de enlace SS entre el búnker y Himmler.* Cuando se le encuentra, y aunque está casado con la hermana de Eva Braun, Gretl, sospechoso de estar al corriente de los tratos de Himmler, es ejecu-

* Véase el capítulo dedicado a Hitler, pp. 51 ss.

tado sumariamente por orden de Hitler esa noche del 28 de abril. Calmada por fin su cólera, Hitler medita su venganza. Ordena al general Von Greim, nuevo jefe de la Luftwaffe, y a Hanna Reitsch, su amante y excepcional aviadora, que huyan del búnker y lleven su orden de ejecución de Himmler al almirante Dönitz, que se refugió en el norte de Schleswig-Holstein, en Plön. Un Dönitz al que decidió nombrar su sucesor y al que hace constar en su testamento, en plena noche del 29 de abril de 1945, hacia las tres o las cuatro de la madrugada, conforme a la Constitución del Reich. Poco antes de la una, de esa noche del 29 al 30 de abril de 1945, con una destreza excepcional, bajo el fuego ruso, Hanna Reitsch logra elevar su biplaza en pleno Berlín asediado con Von Greim a bordo. Y los dos se dirigen hacia Plön y Dönitz, con el que logran reunirse.

El cara a cara Dönitz-Himmler

Unas tres horas después del suicidio de Hitler y de su esposa Eva, hacia las 18:35 de ese 30 de abril de 1945, Karl Dönitz recibe en su cuartel general de Plön el telegrama firmado por Martin Bormann, procedente del búnker berlinés, en el que le anuncia su nombramiento como sucesor del Führer. El contenido es ambiguo ya que no se revela claramente el suicidio de Hitler:

> Señor gran almirante: Hitler le designa su sucesor en lugar del ex-*Reichsmarschall* Göring. Siguen plenos poderes por escrito. Debe adoptar inmediatamente todas las medidas que la situación requiera.

El almirante se queda atónico tras la lectura del telegrama que le tiende su ayudante de campo, Walter Lüdde-Neurath. Por su parte, Albert Speer, que está presente, lo felicita de inmediato.

La primera preocupación del nuevo Führer tiene que ver con la reacción de Himmler, que sigue siendo poderoso y está rodeado de miembros de las SS armados y fanatizados. Y Dönitz está bien situado para saber que el *Reichsführer*-SS ambiciona suceder a Hitler.

En efecto, ese 30 de abril por la mañana, Dönitz acudió a entrevistarse con Himmler, ahora refugiado en Lübeck con sus hombres, después de haber recibido el telegrama siguiente de Bormann:

> Traición de última hora. Según la radio enemiga, Himmler hizo una oferta de rendición a través de Suecia. El Führer espera que usted lleve a cabo una acción inmediata y decidida contra los traidores.

En definitiva, se trata de una orden de liquidar a Himmler, pero ¿con qué medios? La orden le es confirmada por Von Greim y Hanna Reitsch, que entonces se reunieron con él. El gran almirante mantiene una actitud prudente, pues Himmler dispone de fuerzas superiores a las suyas. A su llegada a Lübeck, después de haber recorrido los cuarenta kilómetros que separan Plön de Lübeck en su Mercedes (regalo de Hitler), Dönitz no es muy bien recibido en el cuartel de policía que sirve de cuartel general a Himmler. Esto es lo que él mismo escribió:

> Himmler me hizo esperar. Parecía considerarse ya el jefe del Estado. Le interrogué para saber si el anuncio de su intento de entrar en contacto con los Aliados a través del conde Bernadotte era cierto. Me aseguró que no lo era. Y que, desde su punto de vista, era esencial, en esos últimos días de guerra, que no se produjera ninguna discordia entre nosotros, a no ser para crear un caos mayor en el país. Nos despedimos amistosamente.

Y así, en esas primeras horas de la noche del 30 de abril de 1945, el gran almirante opta por una llamada telefónica en la que pide a Himmler que acuda a Plön. Himmler se niega al principio, sin duda porque fue Lüdde-Neurath quien lo llamó. Dönitz interviene directamente y le asegura que su presencia es esencial. Adelantando una noticia crucial, acaba aceptando. ¡Para Dönitz no es cuestión de advertir de antemano a Himmler del contenido del testamento de Hitler! Dönitz está absolutamente decidido a negar cualquier función oficial a Himmler, hasta tal punto sabe que su nombre es detestado por los Aliados occidentales desde los descubrimientos de los campos de concentración y de exterminio. Y, por otro lado, sabe que ningún almirante y ningún mariscal aceptarán ponerse bajo las órdenes de un hombre que lo ignora todo de los asuntos militares y no mandó jamás tropa alguna sobre el terreno.

Sin embargo, Lüdde-Neurath considera indispensable tomar precauciones. Y pide al capitán de corbeta «Ali» Cremer, excombatiente de *UBoot*, que movilice a sus hombres, una o dos docenas, y los oculte entre la vegetación alrededor del cuartel general del gran almirante.

Himmler se decide a ponerse en camino ese 30 de abril, entre las 19:00 y 19:30. Un camino que ahora es peligroso a causa de los ataques aéreos aliados. Y él tampoco se fía. Pide a su escolta personal, Heinz Macher, que lleve una tropa. Macher, exmiembro de la terrible División *Das Reich*, moviliza a 36 hombres. El convoy, formado por varios Volkswagen y al menos dos transportes de tropas, comienza. Llega a Plön hacia las 21:00, cuando ya anocheció. El capitán Cremer se dirige a su encuentro. Pero Macher intuye la trampa y localiza a hombres escondidos. Sin embargo, nadie dispara. Himmler es escoltado hacia el edificio donde se halla Dönitz. Y los dos hombres quedan cara a cara. Cremer, Lüdde-Neurath y dos ayudantes de las SS se reúnen en otra dependencia, una cantina, donde descorcharán varias botellas de coñac Hennessy. De lo que Himmler y Dönitz se dicen, nadie sabrá nunca nada. Dönitz afirma que la conversación solo duró una hora, retocando manifiestamente el relato en sus memorias. Según sus palabras, la entrevista fue melodramática y finalmente bastante breve. Pretende que ocultó su pistola bajo unos papeles apilados en su escritorio antes de la entrada del *Reichsführer*-SS. Y que después tendió de inmediato a Himmler el mensaje de Bormann, claramente identificado. Parece que Himmler se habría puesto extremadamente pálido antes de reponerse y proponer a Dönitz convertirse en su segundo. Entonces Dönitz, según sus palabras, se negó de forma tajante, por los motivos evidentes que sabemos. Incluso habría precisado que era absolutamente imposible que entrara a formar parte del Gobierno. Luego, afirma Dönitz, Himmler se habría retirado hacia las doce o la una de la madrugada. Por tanto, la entrevista habría sido más larga de lo que informa Dönitz.

A decir verdad, las cosas no se desarrollaron en modo alguno como las cuenta Dönitz. En efecto, Macher recuerda perfectamente que Himmler y él partieron de Plön el 1 de mayo de 1945, cuando ya el sol salía, sin duda hacia las seis de la mañana. Lo cual significa que Himmler y Dönitz estuvieron juntos al menos durante ocho horas. Dönitz se jacta de haber despachado rápidamente a Himmler, pero eso es lisa y llanamente falso. Y las razones que lo explican son muchas. En primer lugar, los dos hombres siempre se habían entendido bien en términos generales. Por otro lado, el gran almirante no podía humillar a uno de los tres máximos dirigentes nazis sin correr el riesgo de una intervención de su tropa. Por último, Dönitz, como demostrarán los hechos posteriores, nunca tuvo la intención de cumplir la orden de Hitler de dar muerte a Himmler. Prueba de ello es que Von Greim y Hanna Reitsch, todavía presentes en el cuartel general de Dönitz, tomaron un desayuno muy madrugador con Macher, Cremer y Lüdde-Neurath. Es evidente que el gran almirante debió de ser muy prudente con ese hombre acostumbrado a que todos lo obedezcan y que acaba de enterarse de su exclusión del poder cuando esperaba convertirse en jefe del Estado. Sin duda Dönitz explicó largamente a Heinrich Himmler el rechazo absoluto de los Aliados hacia su persona, cuando lo que se impone es una negociación urgente con ellos. Himmler, que acaba de sufrir el rechazo de Eisenhower, no puede discutirlo. Dönitz le habría propuesto, a modo de compensación, asegurarle la función de jefe de la policía, encargado del mantenimiento de la ley y el orden nazis, pero al margen de cualquier responsabilidad de gobierno. Además, durante los días siguientes, Dönitz lo deja acudir a Plön y luego a Flensburg después de su traslado. Himmler asiste incluso a algunas sesiones del trabajo gubernamental. Finalmente, Dönitz lo protegerá y asegurará el éxito de su huida, el 6 de mayo siguiente.

Dönitz, libre para formar Gobierno

Tras desembarazarse de Bormann, desaparecido la noche del 1 al 2 de mayo de 1945 (y cuya suerte se ignora), pero también de Goebbels, que se suicidó, y de Göring y Himmler, descartados por el testamento de Hitler, Dönitz no se siente realmente atado por las últimas voluntades del Führer, quien detalló de antemano el futuro Gobierno. Se esfuerza, en vano, por conseguir que entren nazis no fanáticos, como Von Neurath o Von Manstein, pero no lo consigue. Y por tanto se apoya en Schwerin von Krosigk, hábil financiero que ha sabido sobrevivir a todos los sobresaltos del Reich. Con el sólido Speer, el hombre que reorganizó la producción de armamento de Alemania, Dönitz dispone de colaboradores consagrados a su persona. Forma, pues, un gabinete reducido, integrado por ocho ministros con influencia territorial y poderes muy limitados. Lo primero que los Aliados esperan de él es la firma de la capitulación. Refugiado en Flensburg, en el extremo septentrional del país, a causa del avance de los Aliados, Dönitz inicia con gran celeridad las negociaciones con Montgomery, que conducen a la firma en Reims, el 7 de mayo, y en Berlín, en la madrugada del 9 de mayo de 1945.

Himmler resulta cada vez más incómodo

Himmler no intenta nada contra Dönitz, pero no puede dejar de forzar su entrada en reuniones presididas por el almirante (aunque no haya sido invitado) los primeros días del mes de mayo. Y da muestras de cierta ingenuidad, pues sigue imaginando que podrá entrevistarse con Montgomery y conseguir el reconocimiento de una administración no nazi en Schleswig-Holstein. Ese 6 de mayo de 1945, Dönitz está decidido a actuar para su propia salvaguardia y su reputación ante los Aliados. Está decidido a apartarlo y lo convoca.

Lo recibe hacia las 17:00 para anunciarle su destitución de todas sus funciones no oficiales. Himmler no reacciona pues es evidente que ya hablaron antes del asunto. Sin duda el *Reichsführer*-SS ya tomó conciencia de que los Aliados lo encarcelarán con sus amigos. Y eso en cuanto se produzca la firma, entonces inminente, de la capitulación. Pero Dönitz exhibe una generosidad sorprendente, dictada tanto por el deseo de alejarlo cuanto antes como por el respeto que siente hacia quien ha sido un jerarca nazi.

A varias decenas de dirigentes y oficiales de las SS del entorno inmediato de Himmler se les proporciona documentación falsa y uniformes de suboficiales de la Kriegsmarine o de marineros, o incluso de soldados de la Wehrmacht. En Flensburg, la Marina dispone de instalaciones importantes y así todo es más fácil. Hasta el pavoroso Rudolf Höss, comandante del campo de exterminio de Auschwitz, presente al lado de Himmler, encuentra una nueva identidad de contramaestre destinado en la isla de Sylt, la más septentrional de las islas alemanas del mar del Norte. Nadie puede negar que Dönitz cubre toda esta amplia operación de camuflaje, a riesgo de convertirse en cómplice de uno de los más grandes criminales nazis. Sin duda tuvo la tentación de eliminar a Himmler, una operación que los Aliados habrían anotado en su haber. El terrible Macher, de quien ya hablamos, afirmó, según el historiador especializado Peter Padfield, que había llegado a sus oídos una operación organizada por la Marina para desembarazarse de Himmler.

Un grupo de doce fieles acompaña finalmente a Himmler en su huida. Todos se cortan el cabello, se afeitan el bigote y, la mayoría, acaban vistiéndose de civil. El *Reichsführer*-SS también ha eliminado su bigote y se le asignó la documentación de un sargento mayor (*Feldwebel*) de la *Geheime Feldpolizei*, la policía secreta del Ejército, por tanto poco sospechoso, *a priori*, de haber cometido atrocidades. Pero se olvida de que, desde 1942, la Gestapo sustituyó a la Abwehr y que ahora, para los Aliados, la *Geheime Feldpolizei* es considerada criminal, igual que la Gestapo. Después de colocarse un parche en el ojo izquierdo, se aleja hacia el sur en compañía de otros doce nazis disfrazados, entre los cuales figuran el profesor Karl Gebhardt (médico personal de Himmler y gran criminal que realizó experimentos con seres humanos), Otto Ohlendorf (exjefe del Einsatzgruppe D y adjunto al secretario de Estado adscrito al Ministerio de Economía), Rudolf Brandt (este doctor, no en medicina sino en derecho, será condenado a muerte en el «proceso de los médicos», en Núremberg) y Heinz Macher, el mayor de las SS Werner Grothmann.

Todo este pequeño grupo de criminales se distribuye en cuatro vehículos. Himmler quiere llegar a Baviera, todavía parcialmente no ocupada, y ocultarse allí gracias a las sólidas redes de las que dispone.

El arresto

Himmler sabe que los ingleses lo persiguen, que esperan apropiarse de este modo de documentos confidenciales, incluso informes sobre armas secretas. Pero el ex *Reichsführer*-SS comete un error leve que le costará la vida. Sus documentos, expedidos a nombre de «Heinrich Hitzinger», son nuevos. Durante varios días, mientras avanzan hacia el sur, los doce hombres han intentado, con éxito, pasar desapercibidos. Al llegar la noche duermen en sus coches o en los bancos de las estaciones. Una vez llegados al Elba, abandonan sus vehículos y se unen a la multitud que huye del avance soviético. Logran pasar un primer puesto de control inglés. Sin embargo, en Meistädt (entre Hamburgo y Bremerhaven), son detenidos en una segunda barrera británica, el 21 de mayo de 1945. Los soldados se extrañan al ver los flamantes documentos de Himmler. Cuando Alemania sufre una destrucción sangrienta, parece increíble que una administración siga funcionando para expedir documentos. Conducidos al campo de Bremervörde, después a Zeelos y finalmente a Westertimke, los cautivos llegan el 23 de mayo al vecino campo británico de interrogatorio de Lüneburg. El capitán Selvester los interroga y se concentra en tres de ellos que, manifiestamente, no se sienten cómodos al responder a sus preguntas. De pronto, uno de los tres, arrancándose la venda, declara que es el *Reichsführer*-SS Heinrich Himmler y que quiere hablar inmediatamente con el general Montgomery.

Selvester, atónico ante la importancia de la captura, comienza por reforzar la guardia de los tres prisioneros antes de llamar en su ayuda a otro oficial de los servicios de inteligencia.

El juego del gato y el ratón

Los dos oficiales comienzan exigiendo a Himmler que estampe su firma en una hoja de papel, para poder compararla con las que ya obran en su poder en los expedientes que tienen sobre los dirigentes nazis. Pero Himmler no quiere saber nada: tiene miedo de que los ingleses utilicen su firma para atribuirle decisiones que él nunca tomó. Finalmente acaba aceptando, con la condición de que los dos ingleses se comprometan a romper inmediatamente la hoja en la que firme. Pero Selvester, desconfiado, prefiere empezar registrando a su ilustre prisionero. Retira de sus bolsas dos microprobetas en una caja. Una contiene una ampolla, pero la otra está vacía. Sin darle importancia, Selvester pregunta a Himmler por su utilidad. El detenido le responde que se trata de medicamentos antiespasmódicos. Selvester está convencido de que Himmler ocultó una de las dos cápsulas de veneno. Le ordena que se desvista y manda que registre cada una de sus prendas. Se lleva a cabo un registro corporal muy exhaustivo, por orden de Selvester, pero no se examina su boca. El inglés teme que ingiera inmediatamente el cianuro fatal que, sin duda, ocultó ahí. Entonces ofrece a Himmler una taza de té y unos sándwiches, con la esperanza de que de ese modo Himmler se vea obligado a extraer la ampolla de su boca, por miedo a romperla. Pero el alemán mastica y bebe con tranquilidad. Para poder conducirlo al cuartel general del II Ejército inglés, Selvester pide a Himmler que tenga a bien ponerse un uniforme inglés. Molestia del *Reichsführer*-SS, que se niega a ser desacreditado de ese modo, pues teme que lo fotografíen con semejante atuendo. Ante la amenaza de ser trasladado totalmente desnudo, Himmler acaba aceptando una camisa, ropa interior y unos zapatos, y exige una manta. Se le concede.

El imprudente coronel Murphy

Hace casi ocho horas que Selvester y Himmler están frente a frente. Son ya cerca de las 20:00 de ese 23 de mayo cuando Himmler se encuentra, en Lüneburg, en presencia del coronel Michael Murphy, jefe del IS (*Intelligence Service*) en el Estado Mayor del general Montgomery. Tras afirmar de nuevo que él es Himmler, el prisionero reitera su petición de entrevistarse con Montgomery. El coronel lo acompaña entonces a la prisión de la Uelzener Strasse y lo encierra en una celda, custodiado de forma permanente por el sargento mayor Edwin Austin. Puesto al corriente por Selvester, Murphy también está convencido de que Himmler oculta una cápsula de cianuro. Y no desea que se repita, con dos días de distancia, una escena semejante a la que se produjo con el «suicidio» del *Obergruppenführer* Hans-Adolf Prützmann, el temible jefe de la organización Werwolf (Hombre Lobo), en los mismos locales. Sin embargo, Murphy no toma la decisión de dormirlo ni revela la capital importancia del prisionero a Edwin Austin, que desconoce su identidad. Austin, sin embargo, reconoció perfectamente a Himmler y, como presenció el supuesto «suicidio» de Prützmann, está sensibilizado en lo referente al uso del cianuro por los nazis.

Así pues, para preparar la visita de un médico, Austin exige a Himmler que se desvista y le indica la camilla en la que debe tenderse para ser examinado. Himmler, dirigiéndose al intérprete, manifiesta su extrañeza por ser tratado así por un simple sargento. Austin persevera y repite su orden. Entonces entran en la celda el coronel Murphy y un médico militar, el capitán C. J. L. Wells. Himmler se está desvistiendo y Wells realiza un segundo registro corporal más a fondo.

La muerte sórdida de Himmler

Finalmente, Wells le ordena que abra la boca. Entonces, de improviso, sacando una cápsula de cianuro de su maxilar, Himmler la aplasta. A pesar de los reflejos de Wells, que introdujo dos dedos entre los dientes de Himmler, no sirve de nada. El médico inglés tiene que retirar dos falanges sanguinolentas cortadas hasta el hueso. Murphy y Austin se abalanzan sobre Himmler, lo tienden boca abajo para impedirle que ingiera el veneno. Se esfuerzan por hacerle vomitar y se le practica un lavado de estómago. En vano. La respiración artificial no reanima al *Reichsführer*-SS. Tras perder inmediatamente el conocimiento, muere doce minutos más tarde. Y Wells tiene que certificar su defunción. He aquí al amo del Reich, o casi, yaciendo desnudo en su propio vómito después de haber sido explorado a fondo por todos los orificios. ¡Qué escarnio para alguien que quería ser la encarnación de la raza pura de los arios!

Dos días después de la muerte de Himmler, el 25 de mayo de 1945, el sargento Austin recibe la orden de sepultar el cadáver. Después de envolverlo en una manta, lo entierra en un lugar que se mantiene en secreto y que nunca se ha podido encontrar.

DUDAS DE PESO

Esta es al menos la versión oficial inglesa, discutida por muchos. Cabe recordar, en primer lugar, la voluntad de Churchill que, al contrario que los americanos, que prefieren los grandes procesos, es partidario de liquidar a los dirigentes nazis con la clara intención de asestar así un revés definitivo a la hidra del nazismo. La muerte de Himmler, dos días después de la de Prützmann, en condiciones muy similares, no deja de plantear interrogantes. ¿Cómo se explica, por otra parte, que ni Montgomery ni Eisenhower fueran informados inmediatamente de la captura de Himmler, número dos o número tres del régimen?

Siguen sin explicarse varios interrogantes, todos concordantes. En primer lugar, el hecho de que Himmler, según su entorno, nunca llevaba consigo cápsulas de cianuro, al contrario que muchos otros. Pero, después de su expulsión del poder por Dönitz y la obligación de huir ante la amenaza de un proceso público, pudo cambiar de actitud en ese mes de mayo de 1945, consciente de sus inauditos crímenes. La fotografía del cuerpo de Himmler resulta más inquietante si cabe. Revela que se resistió, algo que ya sabemos. Pero, de todos modos, se observa en ella la existencia de numerosos hematomas en la cabeza y el cuello, y su nariz está rota. Aun así, es curioso que pudiera sufrir heridas de tal gravedad cuando estaba desnudo, tirado y agarrado por dos hombres en un colchón. En cuanto al par de lentes intacto que continúa llevando *post mortem*, no es el suyo. Eso demuestra lisa y llanamente que los lentes originales se habían roto en el altercado y que los reemplazaron. ¿Por qué? Son muchos los indicios concordantes que podrían hacer pensar que lo mataron a golpes. Por último, el entierro a escondidas del cadáver, en un lugar aún hoy desconocido, ¿no muestra una voluntad de ocultar la verdad?

Nada es totalmente concluyente, pero la duda permanece, máxime cuando los Aliados tenían no pocos motivos para desear la desaparición discreta del antiguo *Reichsführer*. Al fin y al cabo, todos mantuvieron conversaciones con él durante cerca de un año, a partir de la primavera de 1944 —los suizos, el CICR, los suecos y hasta los judíos— para conseguir liberaciones de detenidos y mejoras en la suerte de los internados. Lo menos que se puede decir al respecto es que todo esto no es muy honorable. Es más, los británicos pudieron tener la tentación de disfrazar su liquidación de suicidio: ¡el miserable final de los cobardes! ¡Qué desolador espectáculo para los alemanes ver cómo sus principales dirigentes los abandonan cuando se hallan ante el más espantoso desastre posible! Y de ese modo provocar desprecio hacia unos dirigentes que no asumen sus responsabilidades.

Sigue habiendo un último misterio: ¿qué fue del maletín de documentos altamente confidenciales que Himmler llevaba consigo? Nadie lo ha recuperado. Según un testimonio citado por Édouard Calic en su *Himmler et l'empire SS* (Himmler y el imperio de las SS), uno de sus compañeros de las últimas horas cuando caminaban juntos, un polaco, asegura que lo enterró antes de intentar franquear las líneas inglesas.

Concluiremos con el despreciable trato que Dönitz dispensa a Himmler en sus memorias, donde lamenta «haber dejado que se largara». Sin embargo, el gran almirante lo salvó dos veces antes de prestarle una gran ayuda en su huida. Como vemos, los dirigentes nazis son muy parecidos, no asumen nada.

5
RUDOLF HESS

¿Se quitó la vida?

Rudolf Hess nace en 1894 en Alejandría, Egipto, donde reside hasta que tiene catorce años. Está destinado a suceder a su padre al frente de la empresa comercial familiar, Hess & Co. Recibe una educación esmerada, tanto de su madre como de preceptores en casa y, por último, en el Liceo Francés. El medio familiar, rigurosamente protestante, explica su gusto por la discreción. Sin duda el adolescente queda marcado por los excepcionales conocimientos de su madre en materia de astrología. Sabe localizar todas las estrellas y alberga cierta afición al esoterismo, tan presente en tierras egipcias.

En 1908, su padre, Fritz Hess, lo envía a Alemania —un país casi extranjero para él— para que siga allí los cursos de la Escuela Evangélica de Bad Godesberg, una famosa institución privada. Descubre que tiene un verdadero don para las ciencias y las matemáticas, lo que explica la facilidad con la que se convertirá en un piloto muy seguro de los aparatos alemanes más complejos en la época del Tercer Reich. Su padre le hace cursar después estudios en la Escuela Superior de Comercio de Neuchâtel, en Suiza, donde recibe una formación comercial. En 1912, tras abandonar Suiza, trabaja en prácticas en la empresa Feldt Stein & Co en Hamburgo, para completar sus conocimientos teóricos.

En 1914, con veinte años, se alista voluntario como soldado de infantería. Coincide en el mismo regimiento con Hitler, aunque no parece que se conocieran durante la Gran Guerra. Herido en varias ocasiones, especialmente en Verdun, pero también en el frente rumano, se cura rápidamente a pesar de la gravedad de sus lesiones físicas. Entonces pide que lo destinen como piloto en la aviación. Muy pronto se le encomienda un Fokker triplano.

Al terminar la guerra, los británicos, que han triunfado en Egipto, expulsan a Fritz Hess de su empresa. Escaso de recursos, Rudolf Hess se inscribe sin embargo en la Universidad de Ciencias Económicas de Múnich y se adhiere a las milicias de Von Epp, integradas por excombatientes. Está lleno de amargura por la derrota alemana. En 1919, participa en el derrocamiento de la República Soviética de Baviera en Múnich. También se une a la Sociedad Thule, que apoya la formación de un Gobierno conservador en Baviera. En 1920, Hess traba amistad con su profesor de la Universidad de Ciencias Económicas de Múnich, el célebre doctor en geografía Karl Haushofer. Y se convierte en adepto de su teoría, según la cual el retorno a la paz en Europa solo será posible si Alemania agrupa, sobre una base étnica, a todos los pueblos germánicos dentro de un potente bloque monolítico en el corazón del continente. Dietrich Eckart, uno de los miembros eminentes de la Sociedad Thule, presenta a Hitler al joven. Afiliado al partido nazi, Hess organiza una entrevista entre Haushofer y Hitler. El futuro dictador sale de ella marcado de por vida.

Presente durante el intento de golpe de Estado de Hitler en Múnich, en 1923, Hess consigue huir a Austria. Después vuelve como preso y coincide con Hitler en su celda de Landsberg. Las conversaciones que ya habían mantenido los años anteriores favorecen tanto la eclosión de una amistad compartida como la maduración y redacción de *Mein Kampf*. Una obra que Hess escribe al dictado, no sin contribuir un poco a su redacción.

Es perfectamente natural que, para su boda con Ilse Pröhl, Hess le pida a Hitler que sea su testigo. Tendrá un único hijo, Wolf Rüdiger, nacido en 1937. En 1933, Hess se convierte en líder del NSDAP, sucediendo a Hitler. Entra en el Gobierno nazi como ministro sin cartera, con lo que asegura la relación entre el jefe del Estado, el Gobierno y el Partido. Nombrado *Obergruppenführer* (general de Cuerpo de Ejército), apoya a Hitler en su voluntad de acabar con el poder de las SA con ocasión de la matanza de la Noche de los Cuchillos Largos de 1934. En 1939, Hess entra en el Consejo de Defensa y es designado, aunque no formalmente, delfín del Führer después de Göring. Pero es indudable que Hitler prefiere el estilo tranquilo, discreto, modesto de Hess, un hombre de vida privada irreprochable, a los excesos de comportamiento de Göring, además gran prevaricador.

El peso de Karl y Albrecht Haushofer

La importancia de Karl Haushofer en la elaboración de las teorías raciales de Hitler no debe ser subestimada, aunque el famoso profesor nunca perteneciera al NSDAP y aunque se haya exagerado en extremo la intimidad de sus relaciones con Hitler. El aristócrata bávaro que es Haushofer, *Generalmajor* durante la Gran Guerra, ha vivido mucho tiempo en Extremo Oriente, sobre todo en Japón. Y ha sabido entablar, durante una larga gira europea de conferencias, relaciones de proximidad con personalidades inglesas de primera fila. También defiende, después de la guerra, una tesis de geografía en la Universidad de Múnich, sobre Asia. Convertido en su discípulo, Rudolf Hess influirá en la redacción de *Mein Kampf*, donde repetirá su doble doctrina del destino del pueblo alemán y su espacio vital. La reunión del pueblo alemán, el *Volksdeutsche*, y el espacio vital para el pueblo alemán, el *Lebensraum*, constituyen, en efecto, los dos pilares de las enseñanzas del presidente del importante Instituto de Geopolítica de Múnich (en el que trabajan un millar de personas). Haushofer asegura también la presidencia honoraria de la VDA (Asociación para el Germanismo en el Extranjero), que pide la anexión de las minorías alemanas y apoya a la *Auslands-organisation* (AO), la sección extranjera del NSDAP dirigida por Ernst Bohle, de quien volveremos a hablar.

El segundo hijo de Karl Haushofer, Albrecht, también excelente geógrafo, experto del departamento de Inglaterra en el Ministerio de Asuntos Exteriores, consigue tejer una sólida red en Gran Bretaña entre las dos guerras. Se siente fascinado por el éxito de la política colonial inglesa. Es nombrado secretario general de la Sociedad de Geografía Alemana. Hess decide entonces designar a Albrecht Haushofer su consejero en política exterior. Albrecht sabe recomendar, en 1934, la introducción de estructuras políticas nacionalsocialistas tanto en Dantzig como en los Sudetes. Apoya con gran convicción el acercamiento anglo-alemán, que se traduce en el acuerdo naval de 1935. Y en 1937 logra organizar en Berlín una entrevista entre Hitler y lord Halifax, el ministro inglés de Asuntos Exteriores. Pero los ingleses pierden toda la confianza en Hitler cuando este viola los acuerdos de Múnich al invadir Checoslovaquia. Ante la invasión de Polonia, y tras desencadenarse la batalla aérea de Inglaterra, en Londres, el nuevo primer ministro, Winston Churchill, concebirá un plan maquiavélico.

La operación Hitler-Hess-Haushofer padre e hijo

Durante la batalla de Inglaterra, Hitler, que se desinteresa en gran medida de las operaciones militares, se ha esforzado en no romper completamente la relación con Londres. El 18 de diciembre de 1940, a través de su directiva número 21, Hitler decide la operación Barbarroja de invasión de la URSS, con tres objetivos: el trigo ucraniano, el petróleo caucasiano y el espacio vital al este. Pero sabe que no debe luchar en dos frentes a la vez. Y así, desde el año 1939 hasta el mes de mayo de 1941 se llevan cabo no menos de quince intentos de negociaciones de paz con Inglaterra.

Una primera mediación se produce a través del hombre de negocios sueco Birger Dahlerus: fracasa en el otoño de 1939. El arresto de dos agentes británicos, Stevens y Payne Best, en Venlo, en noviembre de 1939, lleva el sello de cierta confusión en el seno de los servicios alemanes. ¿De verdad quieren acusarlos de intento de asesinato contra Hitler después del atentado de la cervecería Bürgerbräukeller? Aunque la voluntad de Hitler, en diciembre de 1939, de entablar relación con el duque de Windsor, el antiguo rey Eduardo VIII, más bien germanohablante, resulta un fracaso. El duque no tiene ya ninguna influencia en la política inglesa y Churchill lo envía a las Bermudas, con honores. Por tanto, eludiendo al mediocre Ribbentrop, a quien los ingleses no respetan, decide recurrir a los consejos de un dúo infinitamente más profesional, el constituido por Albrecht Haushofer y su padre Karl Haushofer, los más eminentes geopolitólogos alemanes de la época, que están muy cerca de Hess. Será Hess quien intente encontrar una solución. Pero los historiadores no se ponen de acuerdo en cuanto al contenido de lo que se acordó en llamar «el caso Hess».

En el verano de 1940, la campaña de Inglaterra derrapó: de la voluntad de destruir la flota aérea y los aeródromos, Göring pasó rápidamente al bombardeo terrorista de las ciudades. Hitler pensaba que de este modo haría ceder a los ingleses y los obligaría a negociar. Ocurre todo lo contrario. Germina entonces en la cabeza de Churchill una idea a la vez pérfida y astuta, la de empujar a Hitler al error irremediable: el ataque a la URSS y la intervención de las tropas alemanas en un doble frente. Para ello, el primer ministro británico quiere dar al Führer la sensación de que está dispuesto a negociar, para después romper tajantemente cuando Hitler esté demasiado inmerso en la preparación de la invasión de la URSS, congregando a cerca de cuatro millones de hombres y material militar considerable en la frontera soviética. Entonces, el dictador alemán no podrá retroceder y tendrá que combatir a la vez en el este y en el oeste. Lo que, al final, causará su ruina.

De modo que hay que empezar fingiendo que se negocia, haciendo creer al Reich que se mantienen conversaciones de verdad. Y contar con la suerte. La loca ambición de Hess, una personalidad imprevisible, servirá a Churchill.

Hacer creer que el gabinete inglés está dividido

Bajo la estrecha vigilancia del SOE (*Special Operations Executive*), el Gobierno británico hace que se filtre la existencia de una divergencia en el gabinete de su Graciosa Majestad: lord Halifax, todavía ministro de Asuntos Exteriores (hasta el 22 de diciembre de 1940), Samuel Hoare, lord del Sello Privado (hasta abril de 1940) antes de ser nombrado embajador en España, y el duque Douglas Douglas-Hamilton (decimocuarto de la dinastía), parlamentario perteneciente a la más alta nobleza, serían favorables a una paz separada anglo-alemana. Y se dice que los éxitos del Eje en 1940 reforzaron su peso político. Incluso Churchill se haría preguntas sobre la amenaza que pesa sobre el abastecimiento británico de petróleo. Por lo tanto, la reducción de la tensión entre las dos naciones sería bienvenida.

Al mismo tiempo, con total placidez, Churchill decide alejar a lord Halifax del territorio europeo y lo nombra embajador en Washington a principios del año 1941. Halifax se ve obligado a ocuparse de la alianza con Estados Unidos. Lo cierto es que se ha exagerado el antagonismo reinante entre Churchill y Halifax. Entre los dos hombres hay más complicidad de lo que se cree. El puesto de embajador en Estados Unidos es especialmente estratégico a comienzos del año 1941. ¡No tendría sentido encomendárselo a un oponente convencido! Los alemanes no se preocupan en exceso por el desplazamiento de lord Halifax. Al contrario, tienen la sensación de que la Cámara de los Comunes es cada vez más reacia a la política extremista de Churchill. Y consideran, por tanto, que Churchill está dispuesto a negociar bajo mano.

El inverosímil intento de Rudolf Hess

Hitler es perfectamente lúcido respecto al riesgo del doble frente. Y Hess es perfectamente consciente de que sigue siendo el único, por su proximidad tan antigua al Führer, que puede influir en el destino de Alemania. Además, no es el único que piensa que hay que tratar con Inglaterra antes de que se inicie la operación Barbarroja. Göring está exactamente en la misma línea. Designado cosucesor de Hitler y ocupando siempre, si bien de forma teórica, la función de primer responsable del NSDAP, Hess, apoyándose a la vez en su amistad con Hitler y en su proximidad con los Haushofer, tan familiarizados con los engranajes políticos británicos, considera sin duda que es «el hombre de la situación». Hay que actuar deprisa, antes de entrar en guerra contra la URSS. Albrecht Haushofer se pone a su servicio, beneficiándose de ese modo de su protección, ya que su madre es judía. Ha podido seguir ejerciendo como profesor en el prestigioso Instituto de Estudios Políticos de Berlín. Consejero diplomático acreditado de Hess, el Estado nazi encomendó a Albrecht Haushofer misiones oficiales, aprobadas por Hitler, a partir de 1936. Por ejemplo, viajó a Praga en 1936, a Tokio un poco más tarde. Y elaboró muchos memorandos sobre la situación en Gran Bretaña que circularon del despacho de Hess al de Hitler. Tras fracasar el intento de Hitler de seducir a la diplomacia inglesa enviando a Londres al inefable Ribbentrop, la posición de Haushofer se refuerza. Ribbentrop es convocado a Berlín en 1938. Haushofer sabe entonces cumplir una misión excelente en Inglaterra, donde entabla una relación personal de calidad con el duque de Hamilton, de la más destacada nobleza británica, un hombre que tiene acceso directo al rey. Sin embargo, en 1939, Douglas-Hamilton es llamado a servir en la RAF (Royal Air Force) como teniente coronel.

A finales de ese año 1939, Hess y Albrecht Haushofer tienen la sensación de ser indispensables para evitar un desastre al Tercer Reich. Cueste lo que cueste, se ha de encontrar el camino de la paz separada con Londres. Tienen la sensación de que Churchill atraviesa una mala racha. Sobrevaloran su doble reputación de alcohólico y perdedor (lleva el drama de los Dardanelos pegado a la piel como una túnica de Neso) que, unida a su infidelidad política (cambió varias veces de partido), le vale no pocas enemistades. Por último, consideran, erróneamente, que existen rivalidades, más que simples desacuerdos, en el seno del gabinete inglés.

En cuanto al plan que se ejecuta a continuación, se reduce a dos hipótesis, pues los distintos biógrafos de Hess desarrollan relatos muy diferentes.

El más compartido, aunque no con unanimidad, es que Hess actuó en solitario. Sin haber entablado el más mínimo contacto previo con sus corresponsales ingleses, Rudolf Hess habría intentado un vuelo de 1400 kilómetros, un tanto suicida, hacia Escocia y la residencia privada de lord Douglas-Hamilton, Dungavel House, que dispone de un campo de aterrizaje. ¡Pero la pista parece muy corta para un Messerschmitt Bf 110 E! ¿Y cómo puede saber Hess que la pista estará iluminada, si no advirtió a nadie? Se quiere admitir que Hess, que estaba perdiendo impulso dentro del sistema nazi, vio vacilar su equilibrio mental y que padecía esquizofrenia. Pero ¿cómo creer que emprenda ruta así, a la aventura, sin ninguna posibilidad de éxito? ¿Y además, sin disponer siquiera de documentación oficial que lo habilite para negociar la paz en nombre del Reich? Y por último, ¿cómo creer que, en semejante estado, pudiera pilotar excepcionalmente un avión sofisticado durante horas, tomando con maestría un itinerario desconocido, y eso prácticamente hasta el término escocés de su viaje?

Los archivos británicos siguen siendo herméticamente inaccesibles, pero ¿tal vez reservan sorpresas? Es cierto que la negativa de los Aliados (y no solo de los soviéticos) a liberar a Hess, al igual que su supuesto suicidio final, plantean interrogantes a más de uno. Aun en el caso de que se tratara de un suicidio (su cuarto intento, es cierto, desde su encarcelamiento en 1941), nada se ha demostrado realmente. La pregunta sigue siendo la misma: en caso de haber sido liberado, incluso en 1987, ¿habría resultado Hess un peligro, potencial revelador de las infamias británicas? ¿Negoció Londres con la Alemania nazi en 1941? Desaparecido Hess, la verdad queda sepultada para siempre.

Está claro que procede exponer al lector las dos versiones que proponen los especialistas.

Primera hipótesis: Hess prepara cuidadosamente su vuelo temerario

La primera hipótesis asegura que Hess y Albrecht Haushofer hacen todo lo posible por establecer contacto con interlocutores ingleses de alto nivel, basándose en la libreta de direcciones de Haushofer. Su primer interlocutor parece ser lord Samuel Hoare, que fue lord del Sello Privado (hasta abril de 1940) y es nombrado después embajador en España.

El 21 de diciembre de 1940, Rudolf Hess, avezado piloto, consigue que se ponga a su disposición un Messerschmitt Bf 110 E, un potente caza bombardero que vuela a más de 500 km/h, en la sede de la empresa, en Augsburgo. Sin duda con total discreción, gracias a su rango excepcional en la jerarquía nazi. Y efectúa un primer vuelo de tres horas cuyo destino nadie conoce. La hipótesis más verosímil parece ser una entrevista programada con Samuel Hoare, en Suiza, en la ciudad de Zúrich.

El 18 enero de 1941, Hess realiza un nuevo vuelo, de cerca de cuatro horas, sin indicar su destino. Sin duda para reunirse con el mismo interlocutor, también en Zúrich.

El 29 de marzo, también en avión, viaja a Madrid para hablar con el mismo Hoare (entonces destinado en esa ciudad), con idéntica discreción. Por increíble que parezca, los alemanes parecen tener una gran confianza en Hoare, que sin embargo ahora está un tanto alejado del ejecutivo londinense. Es cierto que el inglés tiene a sus espaldas una excepcional carrera política en los últimos diez años: a partir de 1931, ejerció sucesivamente las funciones de secretario de Estado para la India y de Asuntos Exteriores, después de lord del Almirantazgo, antes de volver a ser secretario de Estado de Interior y de encomendársele, finalmente, el Sello Privado. Hoare tranquiliza a su interlocutor alemán, asegurándole que lord Halifax tiene plena confianza del rey Jorge VI y que este lo nombrará primer ministro si los Comunes, como es probable, no renuevan la confianza en el titular actual, Churchill. Es cierto que, en esta primera parte del año 1941, las derrotas inglesas abundan, lo que crea un clima desfavorable a Churchill.

El 19 de abril de 1941, cuando se dispone a despegar de Augsburgo, Hess es retenido en tierra por una llamada telefónica. Parece haberse abortado una cita con Hoare.

Sin embargo, el 3 de mayo siguiente, hay constancia de una entrevista entre Albrecht Haushofer y Samuel Hoare: tiene lugar en Suiza. Sin duda es esencial, ya que se trata de concretar el plan de vuelo del Messerschmitt de Hess hacia Inglaterra con miras a citas directas con los dirigentes ingleses. Sin duda se organizan otros contactos entre ingleses y alemanes para abordar todos los detalles de esta operación audaz, pero el fondo se desconoce. Desembocan en un acuerdo definitivo que prevé un aterrizaje en Escocia, en la propiedad del duque de Hamilton, dotada de un campo de aviación más o menos apto, el 10 de mayo, antes del despegue al día siguiente. Los ingleses prometen almacenar combustible para que pueda regresar a Alemania. Por lo tanto, es sin duda con el duque Douglas Hamilton, relación atestiguada de Albrecht Haushofer, con quien Rudolf Hess espera entrevistarse. Cuenta con su cercanía a los dirigentes políticos británicos para llevar a buen término su iniciativa de paz. Máxime cuando, según Hoare, debería estar en Dungavel House en compañía de varios dirigentes ingleses designados como negociadores oficiales.

Rivalidad de pilotaje

Se da por sentado que no es posible organizar una misión de estas características, un tanto rocambolesca, sin solicitar el beneplácito de Hitler. Por lo tanto, es más que probable que Hitler, Hess y Albrecht Haushofer se pusieran de acuerdo para ultimar la operación y que decidieran que no se permitiría que Hess pilotara hasta Escocia. Porque hace falta un piloto especialmente capacitado para dominar un vuelo tan largo, que requiere dos depósitos suplementarios, y después para aterrizar en el campo tan corto de la residencia de Dungavel House, la propiedad del duque de Hamilton. Solo un hombre de confianza puede llevarlo a cabo. Se trata de Ernst Wilhelm Bohle, nacido en Inglaterra (en Bradford) y que vivió durante mucho tiempo en Sudáfrica, por lo que habla un inglés perfecto y podrá negociar sin traductor. Bohle es un fiel que se afilió al NSDAP en 1932, se adhirió a las SS, recibió tanto la insignia de oro del Partido como la de las Juventudes Hitlerianas. Se le concedió el título de *Gauleiter* y dirigió la AO, es decir, la organización exterior del NSDAP. En 1937, incluso es nombrado secretario de Estado ante el ministro de Asuntos Exteriores, rango que lo hace digno de negociar con los responsables británicos. Muy cercano a Hess, y ahora formando parte de su Estado Mayor, este excelente piloto está además perfectamente informado por su jefe directo de la decisión adoptada en la cumbre del Estado nazi de entablar contacto con representantes ingleses. Por su parte, los ingleses han delegado como negociadores en el duque de Kent, acompañado por el duque de Buccleuch (lo que refuerza la posición de Bohle, que lo conoció bien cuando ocupaba el puesto de secretario de Estado de Asuntos Exteriores), por lo que todo parece prepararse bajo los mejores auspicios. Será Bohle quien pilote el avión y negocie en nombre del Reich. La finca del duque de Hamilton en Escocia, provista de un campo de aviación que puede iluminarse de noche, será el lugar de encuentro. Este detalle hace que los alemanes crean que su enviado (Bohle) se entrevistará con el duque de Hamilton en persona, ya que el avión aterrizará en su propiedad.

Es posible que entonces Hess se deje llevar por su orgullo y decida hacer él personalmente el gran vuelo hacia Escocia. Si fue él quien lo negoció todo, ¿va a llevarse Bohle el mérito? Y, por otro lado, su posición al frente del Partido se ha desgastado: Hess no es ya realmente su jefe. Se necesita una hazaña para obligar a Hitler a devolverle toda su confianza. El avión dispone de tres plazas, por lo que también sería posible que subiera a bordo Bohle (como piloto) sin que Hess cayera en descrédito. Eso no ocurrirá. Y estamos casi seguros de que los ingleses no fueron informados de que Hess, pilotando en persona, sustituye a Bohle. También falta obtener la conformidad de Hitler, que se aborda en una entrevista que mantienen Hess y el Führer, durante cuatro horas, en la cancillería de Berlín, a principios de mayo de 1941. Hitler da su visto bueno y dedica un desacostumbrado abrazo a Hess en la entrada de su despacho, según el testigo, un ujier, que lo vio despidiéndose del Führer. Hitler pudo haber encomendado entonces a Hess una doble misión: negociar la paz y anunciar a los británicos el ataque contra la URSS. Durante la conversación, se conviene que, en caso de fracaso, Hess será denunciado como desequilibrado y traidor a su país. Esta complicidad verosímil de Hitler es confirmada por Otto Skorzeny en su obra *La guerra desconocida*, y también por Bohle y el general Bodenschatz (el oficial de enlace de Göring ante el Führer). Bohle es el más claro: puesto en dificultades por el fracaso de Hess, es convocado por Hitler (que afirma entonces que Hess se volvió loco) y tiene que sufrir su cólera. Pero le hace frente con mucha sangre fría y suelta a Hitler: «Supuse que usted estaba al corriente y, además, usted siempre consideró la unión con Inglaterra como uno de los principales objetivos de su política exterior». Añade que se vio obligado a obedecer al superior que el Führer le designó y que ese superior era su adjunto, Rudolf Hess.

De nuevo en Berlín, de regreso de Augsburgo, Hess convoca a Rosenberg unos días antes de su último viaje, porque este ya se entrevistó con el duque de Kent. Durante el almuerzo que mantienen, Hess le revela la operación y le pregunta por la personalidad del duque de Kent. Vemos que los británicos lograron manipular a los alemanes, que piensan sinceramente que pueden triunfar, comprometiendo así en una operación de lo más arriesgada al número tres del régimen nazi. Churchill no ha dejado de embaucar a los nazis, haciéndoles creer, a través de lord Hoare, que el gabinete inglés solo mantenía una unidad de fachada y que el rey estaba a punto de aprobar un nuevo gabinete, más favorable a una paz separada con Berlín.

Segunda hipótesis: Hess adopta una actitud casi suicida

Según una segunda hipótesis, la más sostenida en términos generales, Hess actuó solo tanto para preparar técnicamente como para ejecutar después su insensato vuelo hacia Escocia.

No mantuvo ningún contacto con personalidades británicas que pudieran preparar las negociaciones al más alto nivel y garantizar su seguridad en territorio británico y en el viaje de vuelta hacia el Reich. Y, por tanto, no advirtió en modo alguno a Hitler. En términos sencillos, Hess partió a la aventura sin haber previsto nada, a excepción de un correo dirigido por Albrecht Haushofer al joven duque de Hamilton, el 23 de septiembre de 1940. Un correo en el que se solicitaba una entrevista en Portugal. ¡Un correo que no tuvo respuesta! Efectivamente, esta misiva precoz dirigida por Albrecht Haushofer existió: los servicios ingleses la interceptaron. No se la mostraron a su destinatario hasta febrero de 1941. Los servicios exigieron entonces a Hamilton que reactivase la red Haushofer. Hamilton, un hombre prudente, se niega a hacerlo, por temor a caer en una trampa que podía conducir a que lo acusaran de alta traición. Por otro lado, no sabe cómo explicar su largo silencio a Albrecht Haushofer. Sin duda el MI 5 desea manipular a Hitler y hacerle creer que aún es posible una negociación pacífica. Sea como fuere, Hess se le adelantó.

Es curioso, no obstante, que Hess premeditase su vuelo sin haberse entrevistado nunca con el duque de Hamilton o su representante, sin ser esperado siquiera, sin haber hablado del asunto con nadie en Alemania (¿cómo lo habría dejado partir Haushofer en esas condiciones absurdas?). Así pues, Hess se habría aprovechado de su muy alta posición en la jerarquía nazi para obtener del doctor Messerschmitt un avión ultraeficiente y efectuar varios vuelos sin que se filtrara nada. Resulta cuando menos inverosímil en una Alemania tan vigilada por el SD y la Gestapo.

El 10 de mayo de 1941, al ser por fin favorables las condiciones meteorológicas, Hess emprendió por tanto el vuelo hacia su destino, no sin haber remitido un envío al capitán Pintsch para que lo llevara directamente al Führer después de su partida. Esa misiva anuncia sin duda su proyecto de reactivar una negociación germano-británica. Saliendo a las 18:00, hora de Alemania, Hess sabe que le harán falta cinco horas de vuelo para llegar a Escocia y, por tanto, que el campo de Dungavel House debe estar iluminado ya que hacia las 23:00 será noche cerrada. Lo que pone en entredicho la hipótesis de un vuelo no preparado por contactos previos precisos con los ingleses.

El vuelo, cualquiera que sea la hipótesis que se acepte, la primera o la segunda, acaba como ahora veremos.

Fracaso total en Escocia

El 10 de mayo de 1941, hacia las 18:00, el Messerschmitt pilotado por Hess despega de la pista de Augsburgo. El viaje transcurre sin percances hasta Escocia. Hess, que es un buen piloto pero carece de instrucción, no logra localizar el campo de Dungavel House. Si optamos por la primera hipótesis, es verosímil que los ingleses lo hubieran apagado después de una espera demasiado prolongada. Y si se prefiere la segunda hipótesis, no se entiende cómo podía haber estado iluminado, puesto que los ingleses no estaban advertidos. Nadie sabe a ciencia cierta lo que pasó, salvo Hess, que no soltará palabra. Además, ¿sobrevuela Hess a demasiada altura de la propiedad, sumida en una oscuridad total, o no alcanza realmente su objetivo? Nada está confirmado.

Lo que es seguro es que después de haber lanzado sus depósitos suplementarios, vacíos, Rudolf Hess, que se encontraba escaso de combustible, sin referencias precisas, decide abandonar su avión y saltar en paracaídas. Son más o menos las once de la noche.

Al parecer, durante este tiempo, según la primera hipótesis, los duques de Kent y de Buccleuch esperan en su castillo, asistidos por un hombre del SOE que les impusieron. Y cuatro mecánicos están preparados, a pie de pista, para fijar nuevos depósitos suplementarios en el avión alemán para que pueda regresar.

Al tocar el suelo, Hess se rompe el tobillo. Un granjero, Daniel McBride, lo recoge: el alemán le pide que lo ponga en contacto con el duque de Hamilton. Entonces aparece la Home Guard, que conduce a Hess a su cuartel general situado en un barrio de Glasgow. Interrogado, registrado, privado de sus efectos personales, Hess es tratado como un vulgar piloto enemigo abatido por la AAD (Anti-Aircraft Defense) y trasladado al hospital para que le traten su tobillo. Lo conducen después, todavía de noche, al cuartel de Maryhill, al norte de Glasgow. La mañana del 11 de mayo de 1941 se encuentra por fin ante el duque de Hamilton, a quien acompaña un oficial que habla alemán.

¿Qué hacemos con Hess?

El duque de Hamilton escucha a Hess presentar sus propuestas de paz. El alemán no parece consciente del fracaso de su misión. Lo llevan después al Drymen Military Hospital, cerca de la orilla del loch Lomond, a salvo de cualquier riesgo de bombardeo aéreo (¡alemán!). Hamilton informó a Churchill que Hess está en sus manos, y el primer ministro envía inmediatamente a Ivone Kirkpatrick, exsecretario en la embajada británica en Berlín, para que identifique con seguridad al prestigioso prisionero, pero también para dialogar con él. El 11 de mayo la radio alemana anuncia que Hess, a quien el Führer había prohibido volar debido a una enfermedad que se había agravado recientemente, se apoderó de un avión y desapareció.

El 12 de mayo, las conversaciones entre el diplomático británico y Hess se tornan cada vez más difíciles. El alemán se esfuerza en convencerlo de su voluntad de negociar una paz separada, pero no quiere traicionar a Halifax y Hoare que, desde su punto de vista, son contrarios a Churchill. Al parecer, los ingleses encontraron en la caja del Messerschmitt unos documentos en los que se mencionan las propuestas alemanas, lo que menoscaba seriamente la validez de la segunda hipótesis. Entonces sabían perfectamente a qué atenerse. Hess anuncia a los ingleses la decisión de Hitler de invadir la URSS y buscar una paz separada, una suerte de paz de Amiens, con Gran Bretaña. A cambio, el Reich garantizará la integridad territorial de todo el Imperio británico.

El primer ministro Churchill quiere impedir ante todo cualquier contacto de Hess con la familia real y con eventuales oponentes. En efecto, el alemán podría aspirar, habida cuenta de su rango, a los contactos más elevados. Manda que lo encierren en secreto en la Torre de Londres y prohíbe cualquier relación con el exterior. Cuando comienza la operación Barbarroja el prisionero no representa ya ninguna amenaza. Entonces lo llevan a la prisión de Glasgow y más tarde lo trasladan a Surrey, a Mytchett Place, hasta la victoria final. Queda totalmente olvidado.

Los alemanes cayeron en la trampa que les tendieron los británicos, que probablemente solo esperaban ver llegar a Bohle. Por lo tanto, es esencial saber si Hitler dio su aprobación al vuelo de Hess. El lector ha podido observar que nuestra opinión es que sí lo hizo. En un régimen tan concentrado en torno a la persona del Führer, es difícil creer en una iniciativa tan decisiva sin contar con luz verde previa. Pero existe una tesis contraria, la más extendida pero no la más lógica, se ha dicho, que sostiene que Hess actuó sin advertir al Führer y sin establecer ningún contacto previo con personalidades inglesas de primera fila. Y explicar así que Hess superó los límites por despecho al ver que se reducía su papel en las altas esferas del Estado nazi. Y sin duda, también, porque comenzaba a tener el espíritu atormentado por manifestaciones esquizofrénicas: ideas delirantes y voluntad de aislamiento social. En otras palabras, según esta teoría, era una persona carente de razón la que se lanza a esta aventura ineluctablemente trágica. ¡Hess habría estado profundamente perturbado en la primavera de 1941! En efecto, el general médico Rees escribió en su obra de 1948 *The Case of Rudolf Hess: A problem in diagnosis and forensic psychiatry* (El caso de Rudolph Hess: Un problema de diagnóstico y psiquiatría forense), después de haberlo examinado en numerosas ocasiones, que Hess «tiene una mente inestable y probablemente la ha tenido siempre desde su adolescencia. Técnicamente [...] yo diagnosticaría una personalidad psicópata de género esquizofrénico». En cualquier caso, no hasta el punto de haber partido en 1941 sin ninguna prudencia y con absoluta despreocupación para tratar un asunto tan complejo: el de las relaciones entre el Reich y Gran Bretaña. ¿Y cómo pudo entonces pilotar con tal maestría durante cinco horas seguidas hasta Dungavel House, un castillo situado a veinte kilómetros al sur de Glasgow?

Es difícil conocer la verdad. La primera hipótesis parece bastante rocambolesca, y la segunda sobradamente inverosímil. ¿Es posible que, algún día, la apertura de los archivos ingleses arroje una nueva luz?

Graves consecuencias en Alemania

Hitler califica inmediatamente de «traidor» a Hess (siguiendo los consejos de Göring) y arrastra a su antiguo amigo por el lodo. Lo declara enfermo mental y ordena fusilarlo si vuelve a Alemania. A partir de ese momento sus allegados se encuentran en serias dificultades. Y sobre todo los que participaron en la preparación de la operación que buscaba la firma de una paz separada con Inglaterra. El 14 de junio de 1941, Hitler, sin ninguna noticia de Hess, reúne a su Estado Mayor para anunciar los últimos detalles de la invasión de la URSS. Y el 22 de junio de 1941, cuando comienza la operación Barbarroja, Churchill se frota las manos al comprobar que Hitler cometió el error histórico que esperaba: batirse en dos frentes. Mientras, Hess, única esperanza del Reich, está encerrado en una prisión británica.

Los testimonios recogidos posteriormente son en gran medida concordantes y hablan de un Hitler sorprendido por la noticia del vuelo de Hess hacia Gran Bretaña. Pero esto no demuestra nada, ya que el dictador es un excelente actor. Y la prensa del Reich sabe mentir de forma perfecta. Se dice que al Führer se le saltan las lágrimas. Como cuando el falso suicidio de la desdichada Raubal. Hitler, ese comediante trágico, nunca ha vacilado a la hora de ejecutar a sus amigos. ¿De verdad sigue sintiendo afecto por un hombre, Hess, que en realidad no cuenta ya en el seno del régimen nazi? ¿Se considera traicionado por su querido *Stellvertreters des Führers* (adjunto del Führer)? Cuesta creer que Hitler no fuera informado. Además, Karl Haushofer siempre declaró que no creía en absoluto en esta hipótesis, y que Hess había sido sacrificado por Hitler. En cuanto a Bohle, afirmó que Hitler lo sabía. Lo cual no significa que el Führer diera una orden formal. Le bastaba con no prohibirlo. En cuanto a la declaración de Hess en persona, en 1970 —treinta años después de los hechos— al director de la prisión de Spandau, el estadounidense Eugene K. Bird, según la cual no habló del asunto a Hitler, no tiene mucho valor, debido a su carácter mucho más tardío.

Martin Bormann sustituye a Hess al frente del NSDAP, mientras que Heinrich Müller, el jefe de la Gestapo, es el encargado de hacer limpieza.

Bohle, protegido por Himmler, prosigue su carrera. En cuanto a la familia Haushofer, conocerá grandes desgracias. Ahora sin protección, Albrecht Haushofer se acerca primero a Bormann y después a Himmler. Y redacta para Hitler un informe sobre las perspectivas, que aún se consideran abiertas, de un acuerdo con Inglaterra. En 1944, al establecerse su participación en el golpe de Estado de julio (se le prometió el Ministerio de Asuntos Exteriores), logra huir. Pero a principios de diciembre de 1944 es arrestado en los Alpes bávaros y trasladado a la prisión de Moabit, en Berlín. Himmler, que intenta entrar en contacto con los Aliados,* lo protege. Pero, por orden directa de Hitler, Albrecht Haushofer y varios de sus compañeros de infortunio son sacados de Moabit y fusilados el 23 de abril de 1945. El hermano de Albrecht, Heinz, a pesar del peligro buscará el cuerpo de su hermano. Y será también quien el 12 marzo de 1946 descubra el cadáver de su padre, Karl, envenenado con cianuro, y el de su madre, colgado de un árbol, en su propiedad de Hartschimmel. ¿Se suicidaron realmente? Seguimos sin saberlo, pero no parece que esta sea la tesis más probable teniendo en cuenta los importantes secretos sobre las negociaciones anglo-alemanas que guardaban. En esta ocasión quizá no fueran los nazis los culpables, sino los Aliados. ¿Quisieron hacer desaparecer de ese modo a unos testigos incómodos?

En el juicio de Núremberg, Hess es condenado a cadena perpetua

En la apertura del juicio de Núremberg, el 20 de noviembre de 1945, se asistirá a un verdadero juego de rol. Hess, que fue cómplice de Hitler durante tantos años, corre el riesgo de ser condenado a muerte. Pero no pudo participar en la Solución Final, que comenzó después de su captura en Escocia. En esas condiciones es difícil condenarlo a morir en la horca. Sin embargo, los ingleses no quieren ni por asomo que haga revelaciones sobre las negociaciones de paz —aunque se tratara de simulacros— que existieron entre ellos y los alemanes en 1940-1941, cuando los dos pueblos se enfrentaban. Así que Hess se halla de todos modos ante el peligro real de ser condenado a la pena capital. Y es perfectamente consciente de ello. Por lo tan-

* Véase el capítulo dedicado a Himmler, pp. 127 ss.

to, su interés perfectamente comprensible es simular una forma de locura que explique su escapada aérea, insensata y «no preparada». Y eso es lo que hará de forma constante durante todo el proceso.

Hess comparece ante la justicia por cuatro cargos. Sabe callar y no hacer ninguna revelación ni sobre las negociaciones anglo-alemanas ni sobre su cita aérea. Algunos jueces no insisten, por no tener un gran interés en que la verdad aparezca en la sala de audiencias. Su ausencia física del Reich desde la primavera de 1941 le evita finalmente la pena de muerte. Es condenado a cadena perpetua por el tribunal internacional cuatripartito. Y queda encerrado en Spandau, en Berlín, donde llega el 18 julio de 1947 hacia las 4:00, después de haber permanecido encerrado en condiciones muy difíciles, durante meses, en la prisión de Núremberg. Spandau, un antiguo cuartel de ladrillo que los nazis utilizaban para tener secuestrados a sus oponentes políticos, está rodeado de un alto muro y una alambrada.

Al entrar, al igual que sus seis compañeros de infortunio (Speer, Dönitz, Von Neurath, Funk, Raeder y Von Schirach), tiene que desvestirse para someterse a un registro corporal muy exhaustivo y a un examen médico. Es evidente que existe, por parte de los cuatro Aliados, la voluntad de quebrar y envilecer a los exdirigentes nazis. Acto seguido los trasladan a la sala del responsable de los guardianes. Se les aclara que se les considerará números. Un montón de prendas de vestir marcadas con un número espera a cada uno de los cautivos. Son ropas, precisa con severidad el jefe de los guardianes, que llevaron víctimas de los campos nazis. El ajuar de Hess, como el de los demás, incluye una camisa gris de paño basto, unos pantalones usados, una chamarra, el gorro de presidiario y sandalias. Luego llega el tiempo de la lectura del reglamento de régimen interno, que prohíbe toda conversación entre ellos o con sus guardianes. Los siete criminales nazis están solos en este amplio establecimiento penitenciario. Las celdas, siempre separadas unas de otras por una dependencia vacía, tienen una alta ventana con barrotes, una puerta con reja, una mesita con una silla. Cada preso solo puede enviar una carta al trimestre a su familia.

Los otros seis presos no manifiestan simpatía alguna hacia Hess, porque este se comporta sin elegancia, multiplica los lloriqueos y con frecuencia se niega a cooperar en las tareas domésticas de mantenimiento de la prisión que se les imponen. Mientras los otros seis adoptan comportamientos rigurosos y casi militares que preserven su dignidad, Hess se niega a ello.

Se rumorea que, en 1949, Hess fue trasladado en secreto a la URSS, a Moscú, durante el periodo mensual de guardia rusa, y llevado en presencia de Molotov y Stalin. Y que se le propuso la presidencia de la RDA. Aunque este rumor parezca muy poco verosímil, parece interesante mencionarlo aquí.

El último preso de Spandau

A partir de 1966, después de las dos últimas salidas, las de Albert Speer y Baldur von Schirach, Hess es el único recluso de Spandau. A finales de la década de 1960 espera que las cuatro potencias terminen aprobando su liberación. Está vigilado de forma permanente por una veintena de funcionarios, entre ellos cuatro gobernadores de cuatro nacionalidades distintas, cuatro médicos, tres intérpretes y un capellán. Y un ejército de 33 guardias recorre el viejo edificio carcelario. En total, con las lavanderas, los cocineros y los vigilantes, forman una dotación de no menos de 90 personas destinadas a custodiar a un solo hombre. Lo cual representa un costo diario de 2800 marcos, financiado en su totalidad por la RFA. Sin embargo, ni Inglaterra, por los motivos de discreción que podemos adivinar (Hess podría dictar conferencias o redactar sus memorias que revelasen la duplicidad británica), ni la URSS (considera a Hess el hombre más cercano a Hitler, aunque tal vez intentara reubicarlo en la RDA) deseaban validar su liberación. Lo cierto es que los cuatro Aliados quieren mantener entre ellos, en plena Guerra Fría, este último vínculo que permite ciertas conversaciones acerca de la situación internacional. Durante toda su vida, Hess creerá que el fracaso de las negociaciones de paz con los ingleses se debió al hecho de que hubiera apartado a Bohle como negociador enviado por Hitler. Aun en el caso de que Bohle (mucho mejor aviador que Hess) hubiera fracasado, habría quedado un recurso para continuar las negociaciones a un nivel superior. Hess no comprenderá nunca que fue víctima de una espléndida manipulación por parte de Churchill.

En su celda número 7 de apenas nueve metros cuadrados que incluye un pequeño cuarto de aseo, Hess ya no habla con nadie, aparte del personal penitenciario, los médicos, los psiquiatras y el pastor (porque Hess es protestante). Pero ninguno de ellos puede estrecharle la mano ni hablar con él de temas políticos o relativos a la Segunda Guerra Mundial. Comprende bien el francés y el inglés, pero no el ruso. En cambio, es autorizado a leer la prensa (cuatro periódicos al día, de los que se han recortado cuidadosamente de antemano los artículos que hablan del nazismo y de las personalidades del Tercer Reich). Puede escribir, pero sus cuadernos y sus notas personales, rellenados sin dilación durante el día, son confiscados cada noche. ¿Los conservaron los Aliados? Puede recibir una visita mensual de una duración máxima de treinta minutos, únicamente de miembros de su familia y en presencia de los cuatro directores de la prisión. Sin embargo, desarrolla una actividad intelectual muy intensa, lee mucho, mira sin cesar en la televisión los programas deportivos (es un apasionado de futbol), las retransmisiones de conciertos, obras de teatro, documentales científicos. Parece muy exagerado decir que sufre trastornos mentales. Y no se dispone de testimonios suficientemente probatorios al respecto. El único ámbito en el que se beneficia de un régimen liberal es el de su alimentación: tiene derecho a todo lo que desee, pero apenas manifiesta exigencias.

Durante decenios Hess se niega a recibir a su mujer y su hijo. Hay que esperar veintinueve años para que acepte, el 24 de diciembre de 1969, una primera visita familiar. La explicación se halla en su hospitalización en una institución militar británica por una perforación ulcerosa que pone en peligro su vida. Se entrevista entonces con un hijo del que Hitler fue padrino, ahora arquitecto, y que no dejará, dieciocho años más tarde, después de su muerte, de defender su memoria, sosteniendo la tesis de un asesinato. Y con una mujer que, a pesar de las desgracias que vivió su esposo, ha seguido siendo fiel a Hitler y continúa proclamando sus convicciones pronazis a pesar de los decenios pasados.

Wolf Rüdiger Hess, su hijo, irá a visitarlo regularmente desde 1970 hasta el final, en 1987, es decir durante más de diecisiete años. Viaja por tanto ciento una veces a Spandau, es decir, un promedio de seis a siete veces al año.

EL ENIGMA: ASESINATO O SUICIDIO

Hess se convierte poco a poco en un anciano débil y encanecido. Celebra su ochenta y seis cumpleaños en 1980.

Tiene noventa y tres años cuando lo encuentran ahorcado, el 17 de agosto de 1987, en la casita acondicionada como sala de lectura que se construyó dentro del jardín de la prisión, a la que bautizó, con cierto humor, como ¡la Casa Blanca! Al parecer se había suicidado con un cable (la extensión de su lámpara de cabecera), un extremo del cual habría enrollado a la ventana y el otro alrededor de su cuello, muriendo por asfixia. La autopsia confirma la tesis del suicidio adelantada por las autoridades cuatripartitas. ¿Estaba Hess enfermo y tenía tendencias suicidas? El doctor Viala, médico francés que trató a Hess de 1978 a 1982, da fe de la constitución robusta del preso y de su espíritu perfectamente sano, al menos hasta 1982. El doctor Viala señala, sin embargo, que antes de que él fuera destinado a Spandau en 1978, Hess, agotado por su encierro, había hecho ya dos intentos de suicidio.

La tesis de las autoridades es cuestionada de inmediato. ¿Cómo pudo Hess, emaciado y lisiado por la artrosis, encontrar la fuerza para ahorcarse él mismo? Su hijo, Wolf Rüdiger, afirma que fue un asesinato perpetrado por el SAS (*Special Air Service*) británico o la CIA, para evitar cualquier filtración sobre sus famosas negociaciones anglo-germanas de 1940-1941. Asimismo, su último enfermero, de 1982 a 1987, Abdallah Melaouhi, sostiene una opinión idéntica por razones médicas. En cuanto al abogado de Hess, el doctor Seidl, también piensa en una ejecución.

Nuestro reciente contacto con el doctor Bernard Viala nos hace pensar que el antiguo dirigente nazi se suicidó efectivamente, aunque sin certeza. No se entiende realmente por qué, después de tantos años, los anglo-americanos habrían decidido eliminarlo. Cuando además era Alemania la que siempre había pagado los gastos del último prisionero de Spandau. Y además, dado que la prisión estaba situada en la zona británica, los soviéticos podían entrar en zona occidental y el médico soviético que lo atendía siempre estaba acompañado de un intérprete, un agente del KGB que no habría permanecido inactivo. Así pues, los soviéticos no tenían por su parte ningún interés en eliminarlo.

Resulta, pues, sumamente difícil formarse una opinión definitiva. Sin duda Hess se suicidó, pero también se pudo poner fin a su vida, entonces muy frágil, ahogándolo o estrangulándolo. No es posible tener la más mínima certeza. Es cierto que no hay motivos para el asesinato, es cierto que Hess era depresivo en 1987, pero ¿cómo consiguió realizar una serie de maniobras bastante complejas y que requerían cierta fuerza física? Tal vez en el deseo de acabar de una vez, después de un encarcelamiento indefinido, se encuentre una fuerza mental que sublime el músculo que desfallece, en una suerte de reflejo animal único y enconado a la vez. Nadie, desde luego, lo sabrá nunca. Hess se habrá ido como una esfinge, para reunirse así con su tierra natal egipcia, en el país de los dioses múltiples y ambivalentes.

Después de haber sido sepultado en un lugar secreto, el cadáver de Hess es desplazado y entregado a su familia el 17 marzo de 1988. Y es enterrado definitivamente en la tumba familiar de Wunsiedel, en la Alta Franconia bávara. Su esposa, fallecida en 1995, se reunirá allí con él ocho años más tarde.

6
HERMANN GÖRING

Condenado a muerte en Núremberg, logra suicidarse

Hermann Göring nace en enero de 1893 en Marienbad. Su padre, Heinrich Ernst Göring, es juez y amigo personal de Bismarck. Magistrado prusiano de los más rígidos, desarrolla parte de su carrera en el suroeste de África, en Windhoek, y en Haití. La familia vivirá durante mucho tiempo en el castillo de Veldenstein, en Baviera, cerca de Núremberg, una residencia ofrecida por Hermann von Epenstein. Así pues, Hermann Göring se beneficia durante muchos años de la hospitalidad de un barón judío, un pasado un tanto paradójico para uno de los principales promotores de la Solución Final. Y una hospitalidad un tanto inconfesable, es cierto, ya que el barón convirtió a la señora Göring en su amante. De esta relación nacerá un niño, el hermano menor, quinto de la familia.

Excelente alpinista pero muy mal alumno, Hermann Göring no puede negarse a la carrera que el barón le propone: el ingreso en la Escuela de Cadetes de Karlsruhe. Se transforma rápidamente y pasa a ser un elemento disciplinado y voluntarioso. Entra en la academia militar de Gross-Lichterfelde, cerca de Berlín, y en 1911 sale del centro como subteniente.

Sin embargo, justo antes de la guerra, el barón Von Epenstein quiere recuperar la propiedad plena de su castillo, después de haberse casado con una jovencita. Exige la salida de los Göring. ¿Hay que buscar aquí el origen del antisemitismo del joven Hermann?

Un excelente piloto

Hermann Göring combate en el Ejército de Tierra, pero el clima de las trincheras le resulta especialmente nefasto. Está aquejado de graves reumatismos. A finales del año 1914 pide que se le destine al Ejército del Aire. Al principio piloto de un aparato de observación, destacado por sus hazañas (recibe la Cruz de Hierro de primera clase), es destinado después a la aviación de caza. Y consigue una primera victoria homologada el 16 de noviembre de 1915. Resulta herido en varias ocasiones y da muestras de un espíritu caballeresco hacia sus adversarios. Dirige primero la 27.ª Jagdstaffel (escuadrilla de caza) y más tarde obtiene el mando del prestigioso Escuadrón de Caza Richthofen. Termina la guerra con veintidós victorias homologadas y el rango de capitán. Indignado por la capitulación del Reich, se pasa a la aviación civil en Dinamarca y después en Suecia. Es allí donde conoce a su primera mujer, Carin, baronesa Von Kantzow, de soltera Fock, con la que contraerá matrimonio en febrero de 1923. Una mujer casada —abandona a su marido por Göring—, que ya es madre y que dispone de subsidios personales gracias a los cuales Göring vivirá muy bien. Juntos frecuentan a la mejor sociedad bávara. Tras la muerte por enfermedad (tuberculosis) de su mujer, en 1931, Göring se casará en segundas nupcias cuatro años más tarde con una actriz alemana, Emmy Sonnemann, de la que tendrá una hija, Edda.

Como todos los antiguos militares, Göring rechaza con toda su alma el *diktat* de Versalles. Y no puede menos que indignarse ante la situación alemana después de la guerra, caracterizada por la inflación galopante, las acciones de los revolucionarios de extrema izquierda, los reiterados asesinatos políticos, el bajo nivel de vida. En efecto, frecuenta los clubes de oficiales, pero en ellos se piensa antes en el pago de las pensiones que en reformas políticas drásticas. Por tanto, escucha con placer el discurso que Hitler pronuncia en la Königsplatz en octubre de 1922.

Si Göring encuentra por fin posturas políticas a su gusto, Hitler comprende inmediatamente todo el potencial que puede sacar de un hombre adinerado y bien introducido en los círculos mundanos. ¡Un nuevo miembro destacado para el incipiente movimiento nazi! Le propone de inmediato, en 1923, el mando de las SA, las secciones de asalto del NSDAP, cuyo número no deja de crecer bajo el impulso de su jefe de Estado Mayor, Ernst Röhm. Con la misión de transformarlas en fuerza paramilitar autónoma al servicio exclusivo del Partido. A Göring le seduce más el carismático líder que es Hitler que las tesis del NSDAP. Le interesan muy poco los conflictos ideológicos. Para él, la acción prima sobre el verbo y la reflexión. Y busca más la gloria, la opulencia, la vida fácil, la práctica apasionada del deporte y la caza, la colección de objetos de arte. Göring es un hedonista, desprovisto de toda moralidad. Pero es inteligente: sabe distinguir la fuerza de arrastre de la perspectiva nacionalsocialista. Y, sobre todo, no permite que ningún escrúpulo lo detenga. ¡Igual que Hitler! La violencia nazi no le perturbará jamás. Debemos considerar totalmente realista el terrible juicio que de él hizo Otto Strasser, el pensador inicial del NSDAP: «Göring tiene alma de asesino. Tiene el sentido del terror». Esto explica la carrera espantosamente criminal del personaje.

La prueba del golpe de Estado fallido de Múnich superada después de cuatro años de dificultades

La noche del 8 al 9 de noviembre de 1923 Hitler emprende un intento de golpe de Estado en Múnich. La tropa dispara y Hermann Göring resulta herido de gravedad, por dos balas en la ingle. Con su esposa, logra huir a Austria, antes de replegarse a Suecia bajo la protección familiar. Con grandes sufrimientos, abusando de la morfina hasta el punto de hacerse dependiente, se vuelve un amargado, manifiesta señales de abatimiento y comienza a engordar. En 1927, una vez obtenida la amnistía, Göring vuelve a Alemania. Hitler no lo recibe con los brazos abiertos. Su «amistad» no se forjará hasta más tarde. Sin embargo, Göring consigue ser elegido diputado en el Reichstag con la etiqueta del NSDAP, en 1928, y pasa a ser uno de los doce primeros parlamentarios del Partido. Reelegido en 1930, esta vez con 106 diputados del NSDAP, accede a la presidencia del Reichstag el 30 de agosto de 1932.

Es entonces cuando Göring presta dos inmensos servicios a Hitler que este no olvidará nunca, al menos hasta la ruptura entre los dos hombres en abril de 1945. Por una parte, es él quien gana las elecciones de julio de 1932 (230 diputados electos). Por otra, gracias a una manipulación permite que Hitler adquiera la nacionalidad alemana (al tener la ciudadanía austriaca no podía acceder a la cancillería). Finalmente, Göring logra convencer a Oskar von Hindenburg, el hijo de Paul, presidente en ejercicio, de que nombre a Hitler al frente de la cancillería.

Y así, tras su nombramiento como canciller, en enero de 1933, Hitler lo nombra ministro de Estado sin cartera, ministro del Interior de Prusia y comisario de la Aviación (a finales de 1933, el comisariado se transforma en el ministerio).

¡El hombre de la Gestapo es él!

Göring será el creador de la Gestapo. Rudolf Diels es nombrado jefe de la sección política IA de la policía de Berlín. Designado ministro-presidente de Prusia el 5 marzo de 1933, el 26 de abril de 1933 Göring crea la Gestapo, la policía secreta del Estado, y pone a Diels directamente bajo sus órdenes. Göring se esfuerza inmediatamente en desmantelar el partido comunista, antes de chocar con el poder de las SA, que agrupa ya a tres o cuatro millones de miembros, mientras su jefe, Röhm, acaba de ser nombrado ministro sin cartera. La Gestapo no puede admitir que las SA encierren en campos de internamiento, sin control ninguno, a los enemigos de la patria (unos 50 000). Göring comienza abriendo nuevos campos que dependen directamente de la Gestapo antes de exigir el cierre de los de las SA. Röhm replica acusando a Diels de infligir malos tratos a los internos en los campos de la Gestapo. Y así, en noviembre de 1933, Göring consigue de Hitler que se sustraiga a la Gestapo de la autoridad del Ministerio del Interior. Ahora depende únicamente del ministro presidente de Prusia, es decir, de él mismo. Pero Göring se encuentra debilitado por las denuncias del acusado Dimitroff en un juicio contra los incendiarios del Reichstag. Porque fueron las SA dirigidas por el *Gruppenführer* (general de división) Karl Ernst las que lo incendiaron, pero con el apoyo de Göring.

Entonces, Hitler toma una decisión drástica: todos los servicios de policía quedan bajo la responsabilidad del Reich y por tanto se les retiran a los estados. Diels es destituido el 1 de abril de 1934 y Himmler es nombrado al frente de la Gestapo en lugar de Göring el 20 de abril de 1934. Pero aun así Göring no recibe un mal trato, pues obtiene el doble cargo del desarrollo de la aviación de guerra y del desarrollo del plan económico cuatrienal de preparación del gran conflicto europeo en el que ya piensa Hitler.

SE ESFUERZA EN CONSTRUIR UNA FUERZA AÉREA EFICIENTE

En 1935, Göring pasa a ser el comandante en jefe de la nueva Luftwaffe y se apoya en el futuro mariscal Erhard Milch (nombrado secretario de Estado de Aviación) y en Ernst Udet, brillante piloto de la Primera Guerra Mundial como él. Podemos añadir a este trío a Bruno Loerzer, que vivió como ellos los comienzos de la aviación de guerra alemana entre 1914 y 1918. Todos estos hombres no son estrategas, sino pilotos.

Göring vuelve a vivir sus años de gloria, sobre todo aquel año 1918 en el que dirigía la escuadrilla Richthofen. Después ha sabido esquivar las disposiciones del Tratado de Versalles. Los futuros pilotos reciben instrucción en la URSS, pero también en la flota aérea comercial alemana (Milch es el creador de Lufthansa) y en los clubes aeronáuticos regionales. Se construyen aviones dejando los componentes en cajas para, llegado el momento, poder ensamblarlos con rapidez. Dotado ya para la representación teatral, Göring sabe organizar el espectáculo de una aviación alemana más consistente de lo que es, en 1936, con la remilitarización de Renania. Desplaza de aeródromo en aeródromo el pequeño número de aparatos del que entonces dispone. Disuade así de cualquier reacción por parte de Francia. Para evitar las localizaciones, hace que se vuelvan a pintar cambiando sus números, pero evitando armarlos, algo que Francia habría podido interpretar como una provocación. La maniobra tiene éxito: París no se mueve.

En 1936 el Reich dispone ya de una flota aérea considerable: quiere que reciba instrucción. Y es la intervención alemana, después del transporte de las tropas de Franco de Marruecos a España, lo que permite al bando nacionalista derrotar a los republicanos. La Legión Cóndor destaca por el tristemente célebre episodio del bombardeo de Guernica, por otra parte mucho menos mortífero de lo que generalmente se dice. El apoyo de Hitler resulta determinante y se impone en España.

Pero a finales de 1938, con sus 4000 aparatos, la Luftwaffe sigue siendo una fuerza todavía frágil. Y el severo fracaso sufrido en el segundo semestre de 1940 ante la fuerza aérea inglesa, como en el cielo de Malta en 1941-1942, recuerda sus límites. Göring no es un jefe de guerra: modifica constantemente las tácticas, exige resultados inmediatos; en una palabra, gestiona mal unos medios todavía limitados. Las pérdidas alemanas son considerables: cerca de 150000 pilotos y miembros de tripulación desaparecerán durante el segundo conflicto mundial. Mucho peor, a pesar de los esfuerzos desesperados del mariscal Milch, que acabará siendo destituido después de haber pedido a Hitler la cabeza de Göring, la industrialización de la fabricación de aviones está mal gestionada. Göring multiplica el número de modelos, interrumpe la construcción de las series con excesiva rapidez, en una palabra, desestabiliza a los constructores, incapaces de asegurar una buena productividad y unos volúmenes satisfactorios. Hitler es consciente de ello: recupera a Milch, lo pone al lado de Speer, el nuevo ministro de Armamento, nombrado en 1942, justo después de la muerte de Todt. Los dos hombres restablecen un ritmo de producción de aparatos absolutamente excepcional gracias a la racionalización de los modelos y las cadenas.

Vemos, por tanto, que el vínculo personal tan fuerte que se estableció entre Hitler y Göring es una oportunidad para el mundo libre. En el invierno de 1941, en la URSS, Hitler demuestra ser un caudillo militar mediocre, en tanto que desde 1940 Göring gestionó muy mal la herramienta aérea que se le había encomendado. Podemos imaginar con espanto lo que habría podido ocurrir si Hitler hubiera dejado a los tres ejércitos alemanes abalanzarse juntos sobre Moscú en octubre de 1941, como deseaban los mariscales de la Wehrmacht, y si Göring hubiera escuchado los consejos de un hombre como el general Hellmuth Felmy, totalmente opuesto a un ataque aéreo contra el territorio inglés, que costó al Reich la pérdida en vano de 1700 aparatos en 1940.

El Plan Cuatrienal

Definitivamente, Göring es el hombre para todo de Hitler: ahora está al frente de la economía alemana. Es el encargado de asegurar el autoabastecimiento de la economía nacional en el caso, probable, de que esta sea objeto de embargos a causa del desencadenamiento de la guerra. Y por tanto, por ejemplo, alienta a la IG Farben a desarrollar su producción de gasolina sintética y de buna (caucho artificial). Pero también a buscar nuevas minas de hierro en Alemania. Exige también a los grupos industriales alemanes la constitución de reservas estratégicas de materias primas industriales y agrícolas. Al mismo tiempo, asegura la financiación del NSDAP, de las SA, la suya propia y la de Hitler, exigiendo contribuciones económicas a las grandes empresas alemanas a cambio de la promesa del Estado de aumentar sus pedidos en el marco de la preparación para la guerra. Ese es el objeto del Plan Cuatrienal cuya responsabilidad le confía Hitler. El 28 de octubre de 1936, en el Palacio de Deportes de Berlín, Göring no anuncia aún al pueblo alemán la guerra que Hitler decidió (y de la que todos los grandes grupos industriales están informados), sino que presenta el plan como la voluntad de la nación de ser autosuficiente apoyándose en las capacidades de innovación del pueblo ario. En realidad, lo que el Plan Cuatrienal pretende es preparar a las fuerzas económicas y militares alemanas para la guerra cuyo comienzo está programado para 1940.

Hombre orquesta, al frente de la aviación, de la economía y también de las finanzas con el control del Reichsbank, Göring se ocupa de todo a la vez, con suerte desigual. Hará falta tiempo, por ejemplo, tanto para obtener una gasolina sintética apta para los motores de avión como para conseguir una buna lo bastante resistente para fabricar neumáticos que puedan soportar el aterrizaje de un aparato. Göring quiere, por último, reforzar el papel del Estado en la economía con la constitución de un conglomerado considerable que agrupa a 226 centros siderúrgicos, primer grupo del país en materia de producción de carbón, hierro y acero al que, con la mayor modestia, le pone su propio nombre: la Reichswerke Hermann Göring.

Es un hombre proteiforme: lo vimos en primera línea de asesinos en la Noche de los Cuchillos Largos, exigiendo la ejecución de los jefes de las SA. Como responsable económico, reacciona ante los acontecimientos de la *Kristallnacht*, la Noche de los Cristales Rotos, en 1938. ¡Pero no se trata de que le indigne la suerte de los desdichados judíos! Está furioso por los estragos que representan esos miles de escaparates rotos y de tiendas saqueadas y destruidas (unas 20000). ¿Por qué, piensa, no se limitaron a matar a los judíos en lugar de destruir sus bienes materiales? Puesto que así fue, la comunidad judía debe pagar este desorden, en forma de una contribución obligatoria de mil millones de *Reichsmarks*. Observamos aquí todo el cinismo de un Göring que no guarda ninguna gratitud hacia una comunidad que sin embargo lo protegió en varias ocasiones: el barón Von Epenstein le permitió alojarse y después emprender una carrera militar, y la familia Ballin lo salvó la noche del golpe de Estado de Múnich. También en este caso el pensamiento de Göring parece profundamente contradictorio: salvará a 20000 judíos entre los arrestados en la *Kristallnacht* porque son excombatientes de la Gran Guerra. Y lo hace desafiando a la opinión pública alemana y declarando de forma imprudente: «Soy yo quien decide quién es judío y quién no lo es».

A decir verdad, Göring perdió ya todo sentido de proporción, embriagado por sus títulos rimbombantes, sus múltiples responsabilidades, como el Ministerio de Bosques, sus innumerables medallas, sus colecciones de valor incalculable. Hay que ser un desequilibrado como Hitler para confiar responsabilidades tan importantes a un hombre henchido de orgullo que se limita a abordar los problemas por encima. El mayor acaparador del planeta, se alegra al recibir, en febrero de 1938, el título de mariscal con su bastón con diamantes engarzados, aunque tras la eliminación de Von Blomberg habría preferido el Ministerio de la Guerra, algo que no fue posible tras la supresión del cargo por Hitler. A la omnipotencia añade una fortuna personal muy considerable que no deja de aumentar. Sus ingresos mensuales superan los 100 000 *Reichsmarks*. Se construye una residencia gigantesca que se extiende hasta los mil metros cuadrados, a unos sesenta kilómetros al norte de Berlín, a la que da el nombre de Carinhall, por su primera esposa, y en la que dispone incluso de una sala en la que se instaló un tren eléctrico con un inmenso circuito.

Göring conserva sin embargo, y es necesario hacerle esta justicia, cierta sensatez primaria. Piensa que haber comenzado la guerra en 1940 es demasiado prematuro y que, por otro lado, no hay que atacar a la URSS, o al menos no antes de haber concluido una paz separada con Londres.

GÖRING, OPUESTO A UN CONFLICTO EN EL OESTE Y AL COMIENZO DEMASIADO RÁPIDO DE LA GUERRA EN EL ESTE

Hitler dirige en solitario el Anschluss y la anexión de Austria en 1938, la de los Sudetes y después la de Checoslovaquia en 1939. Sin embargo, Göring quiere representar su papel: el de hombre de paz. Embutido en su uniforme blanco —color simbólico— adornado con condecoraciones, intenta tranquilizar tanto a Francia como a Gran Bretaña. Lanza entonces la idea de un «plan de paz de veinticinco años», sin haber obtenido la conformidad del Führer. El fracaso está asegurado. Esta lección le lleva a desear ahora estar lo más cerca posible de Hitler sin desdecirse de una política de apertura hacia los ingleses. Y como escribe muy atinadamente el historiador François Kersaudy: «Para hacer realidad sus ambiciones, lo hace falta en suma aparecer ante los ingleses como una paloma de la paz y ante Hitler como un genio de la guerra».

Göring no se opone a la declaración de guerra en Polonia, aunque sabe a ciencia cierta que el Reich no está preparado. No le preocupa la resistencia, muy relativa, de Polonia sino la fase posterior. Porque el país carece de reservas de acero, de aluminio y hasta de combustible. El Reich necesitaría tres años para alcanzar la autosuficiencia y poder disponer de los materiales de guerra indispensables.

Por eso Göring es más consciente que nadie de la necesidad de evitar el doble frente. Por eso quiere limitar la guerra en el este, que se supone que debe aportar recursos y espacios, a lo estrictamente necesario. Y el mariscal se opone con firmeza a un conflicto inmediato contra Francia y Gran Bretaña, que el Reich tendría dificultades para soportar a largo plazo.

Cede a todos los deseos de Hitler

El 31 de agosto, víspera de la invasión de Polonia, Göring es nombrado presidente del Consejo Ministerial para la Defensa del Reich, después de haber sido designado presunto heredero dos días antes. Por lo tanto, no puede evitar participar a fondo en el aplastamiento de los polacos. Es él, en persona, quien ordena el bombardeo salvaje de Varsovia por la Luftwaffe el 24 de septiembre de 1939. La victoria aérea es total, pues la Luftwaffe solo perdió 300 aviones. El mariscal puede añadir así la enésima medalla a su colección, la de la Gran Cruz de la Cruz de Hierro.

Göring no logra oponerse a la ofensiva decidida contra Francia, principal artífice del inicuo Tratado de Versalles. La campaña aérea de mayo-junio de 1940 se desarrolla de modo más bien favorable a las alas alemanas, aunque de todos modos pierden 1300 aparatos.

Y de forma natural Göring es elevado en julio de 1940 al rango de *Reichsmarschall*.

No tarda en ser obligado por Hitler a dirigir la batalla de Inglaterra, cuando él desea una paz separada. No está preparado y tampoco tiene la capacidad para dirigir una guerra tan sofisticada. Sin embargo, el primer objetivo está más o menos bien definido en el plano militar: destruir bases y campos de aviación ingleses junto a los aparatos que albergan. Pero el *Reichsführer* no dispone de los mejores aviones: los Stuka no están suficientemente armados, los bombarderos Heinkel 111 son demasiado lentos y el número de Messerschmitt Bf 169 es insuficiente. Por último y, sobre todo, la autonomía de vuelo de todos estos aparatos parece insuficiente, con un promedio de 90 minutos. Añadamos que los aparatos alemanes no disponen de enlace con el suelo y deben guiarse por sus medios hacia sus objetivos. A finales de agosto, a pesar de las pérdidas, la situación parece alentadora para los alemanes: la Royal Air Force está al borde del colapso y sus bases parecen destruidas en gran medida. Pero el 25 de agosto un bombardero inglés logra lanzar algunas bombas sobre Berlín. Cólera de Hitler, que quiere entonces arrasar las ciudades inglesas. Es un error de bulto modificar así el objetivo, abandonar los blancos específicamente militares para intentar destruir las ciudades. Pero Hitler y Göring no quiebran así la moral de los británicos sino su propia herramienta aérea. Porque los ingleses lo aprovechan para reparar los aeródromos, sus líneas de telecomunicaciones, sus radares, sus centros de mando y para restaurar su aviación. La RAF (Royal Air Force) recupera potencia y asesta golpes importantes al enemigo. Y la población afronta con su serenidad atávica los bombardeos. Ante las elevadas pérdidas de aparatos de la Luftwaffe, Hitler acaba suspendiendo en septiembre de 1940 la operación Seelöwe, una batalla en la que nunca se implicó en exceso salvo para dar una orden inapropiada. El Führer es ante todo el jefe de la Wehrmacht, el Ejército de Tierra.

La acusación de «incapaz» que Hitler endosa a Göring parece excesiva, ya que son dos los que llevan el peso de una derrota ante Inglaterra, un desenlace cuando menos inesperado. Y que demuestra que Alemania no es invencible. Sin embargo, la historia hace cargar a Göring con la responsabilidad principal del fracaso. Lo que es injusto.

Naturalmente, Göring no sale indemne de esta campaña de Inglaterra. Desesperado ante el cariz de la batalla, ingiere todos los días comprimidos de paracodina para luchar contra sus depresiones, sus dolores de estómago, sus migrañas. Lo que no deja de tener consecuencias para su estado general. Máxime cuando el *Reichsführer* se aflige aún más al ver que Hitler está cada vez más decidido a invadir la URSS. Pero él, el *Reichsführer*, sabe mejor que nadie que los cereales y el petróleo vienen en gran medida de Rusia y de Ucrania. ¿Por qué cortar esos flujos? Sin contar con que una intervención americana es probable a medio plazo si el Reich incendia de ese modo el planeta, piensa Göring con razón. Hitler no tiene para nada en cuenta la opinión de su supuesto número dos. Más bien, alentado por las dificultades del Ejército Rojo en Finlandia, piensa en iniciar la operación en el mes de mayo de 1941. Las derrotas italianas en Yugoslavia y Grecia se lo impiden. Hay que acudir en auxilio de Mussolini. Barbarroja no comienza finalmente hasta el 22 de junio de 1941.

No logra oponerse a la campaña de Rusia

La campaña contra la URSS, al principio en gran medida victoriosa, se estancará rápidamente. El dictador, al multiplicar los objetivos, divide sus fuerzas: sus líneas de abastecimiento se estiran, sus soldados se agotan en marchas interminables. Y Stalin sabe movilizar a su país: ante Moscú, los rusos plantan cara antes de realizar un contraataque victorioso a finales del año 1941. Los alemanes quedan bloqueados ante las dos ciudades más grandes de Rusia: Moscú y Leningrado. Y la industria soviética, contra todo pronóstico, preparada por Stalin desde 1935 y en parte trasladada a los Urales, comienza a producir aviones y tanques de calidad a un ritmo impresionante. Es cierto que Stalin no supo prever el ataque de Hitler, pero eso no es óbice para que haya que restablecer la verdad histórica: amplió y modernizó sus medios de producción mucho antes del inicio del conflicto. Si los ejércitos rusos son aplastados durante el verano de 1941, es ante todo a causa de la debilidad de su mando, diezmado unos años antes por los grandes procesos de Moscú. Y Göring no tarda en comprobar que los Yakovlev, los Iliushin 2 Sturmovik y los Petliakov Pe-2 plantan cara a los Messerschmitt, Heinkel y Stuka, aprovechándose, en particular, de la proximidad de sus bases.

A finales de diciembre de 1941, el ejército alemán está completamente estancado en el frente ruso y tiene que soportar un clima infame, caracterizado por fríos intensos y tormentas de nieve. Después de seis meses de combates, las pérdidas de la Luftwaffe son ya impresionantes, con cerca de 2000 aparatos destruidos, 750 de ellos bombarderos. Sin embargo, Göring parece desinteresarse del asunto: pasa unas vacaciones en París tanto en enero como en mayo de 1942, mientras sus fuerzas aéreas sufren el martirio. Da la impresión de que sigue de forma demasiado aproximada las operaciones, y además se niega a viajar a la URSS para observar la realidad sobre el terreno. Para eximirse de sus propias infamias, no deja de vilipendiar el comportamiento de la Wehrmacht y hasta se vuelve derrotista. Al parecer, al *Reichsmarschall* solo le interesan las cuestiones relacionadas con el abastecimiento de materias primas. Pero ahora es ciclotímico y pasa de lúcidos análisis de la situación a estados depresivos que asustan a sus colaboradores y provocan el odio o el desprecio de Ribbentrop, Goebbels, Speer y Bormann. En cuanto a Himmler, comienza a preocuparse realmente por la actitud de Göring, mientras que su segundo, Heydrich, parece totalmente desconcertado por el comportamiento inestable del *Reichsführer*. A partir de ahora, Hitler sabe a qué atenerse: descarta las opiniones de Göring y no lo consulta más. Pero lo mantiene en su puesto. El segundo personaje del Reich aparece por tanto totalmente desacreditado ya en 1942.

Por ello no deja de ser extraño que Hitler lo deje dirigir el abastecimiento de víveres y municiones a las tropas alemanas bloqueadas en Stalingrado durante el segundo semestre de 1942. Es totalmente incapaz de hacerlo y hace creer a Hitler que la Luftwaffe abastecerá a la Wehrmacht en Stalingrado, cueste lo que cueste y cualesquiera que sean las condiciones meteorológicas. A pesar de sus bravatas, Göring solo consigue entregar o lanzar en paracaídas trescientas toneladas por semana, cuando harían falta quinientas toneladas al día. Ante la prohibición de Hitler de batirse en retirada cuando aún están a tiempo, Paulus tiene que capitular el 2 de febrero de 1943. Solo en los meses de diciembre de 1942 y enero de 1943, la aviación alemana perdió 500 aviones. Furioso ante el desastre de Stalingrado, Hitler culpa principalmente a Göring, lo que es totalmente excesivo. Por su parte, Göring hace a Paulus responsable de la derrota, lo que es absurdo. Son entonces un inútil, Göring, y un desequilibrado, Hitler, quienes asumen la dirección del Reich.

GÖRING ESTÁ YA TOTALMENTE DEVALUADO

El año 1943 es desastroso para la Luftwaffe, que no consigue defender la integridad del territorio alemán ante las incursiones masivas anglo-americanas. Totalmente desconectado de la realidad de la guerra, el *Reichsführer* no expresa ya ninguna emoción, ni siquiera propone reacción. Asiste estupefacto a la aterradora destrucción con bombas de fósforo de la ciudad de Hamburgo (julio de 1943) y al suicidio de su jefe de Estado Mayor adjunto, el general Hans Jeschonnek (agosto de 1943), que ordenó por error disparar contra cazas alemanes. A Göring le interesan ahora más la instalación de su castillo, sus colecciones de cuadros, incluso la elección de sus cigarros, que la guerra, cada vez más violenta.

A mediados del año 1943, la situación de la Luftwaffe adquiere tintes totalmente dramáticos. En el frente oriental, frente a los 6 000 cazas soviéticos operativos, Alemania solo opone entre 800 y 1 000. Y sufre una escasez dramática de gasolina, bombas y, más aún, pilotos. Hay que esperar hasta el segundo semestre de 1943 para que los esfuerzos de Speer y Milch comiencen a dar sus frutos: de nuevo hay aviones disponibles. En efecto, la producción de aviones pasa de 25 400 en 1942 a 34 900 en 1943 y 40 300 en 1944. Ahora a la Luftwaffe le faltan brazos. Se sabe que perderá cerca de 300 000 hombres, la mitad de ellos pilotos, operadores y tripulantes, la mitad clasificados oficialmente como muertos y la mitad como desaparecidos, durante los seis años de la Segunda Guerra Mundial, sumando todos los frentes.

El Führer no concede a Göring sino a Goebbels el título de plenipotenciario para la guerra total el 25 julio de 1944. Y Goebbels ya no duda en escribir en su *Diario*: «Göring ahora no vale nada».

El 20 de abril de 1945 abandona el búnker y Berlín

El 20 de abril de 1945, los jerarcas del régimen presentes en el búnker de Berlín para festejar el quincuagésimo sexto cumpleaños de Hitler oyen al Führer anunciar que ha decidido quedarse en su puesto hasta el final. Allí está Göring, por supuesto, pero también Himmler, Goebbels, Bormann, Ribbentrop y Speer, y asimismo los jefes de la Wehrmacht (Keitel, Jodl, Krebs), de la Kriegsmarine (Dönitz) y de la Luftwaffe (Koller, el jefe de Estado Mayor). A pesar de los gritos de protesta de todos, Hitler mantiene su postura. Afirma, con una tranquilidad que impresiona, su voluntad de transformar Berlín en cementerio de los soviéticos.

Al día siguiente, 21 de abril, después de haber liquidado sus cuentas bancarias la antevíspera, Göring decide huir de Berlín, mientras Kóniev y Zhúkov bombardean día y noche las afueras de la capital. Carga tres trenes, en los que se amontonan sus múltiples obras de arte, abandona Carinhall y sus esplendores llevándose a su esposa y su hija y a toda su servidumbre. Se dirige hacia Baviera, en dirección a Berghof, la residencia secundaria de Hitler, cerca de Berchtesgaden. El 22 de abril de 1945, Göring se entera con estupefacción de que el Führer decidió renunciar al mando de la Wehrmacht y a su función de jefe supremo del Estado para entregarse a la defensa de Berlín. El general Koller, después de haber aterrizado con un avión de caza en Múnich hacia las 5:00 del 23 de abril, se reúne con Göring a mediodía y confirma esa información. Tras la renuncia del Führer a todo, conviene impedir que Bormann sea designado sucesor. Por tanto, el *Reichsmarschall* decide actuar de inmediato. Göring tiene una alta opinión de sí mismo y se considera el único capaz de salvar el régimen y seguir siendo un interlocutor válido para los americanos. Piensa, con gran ingenuidad, que tiene suficiente peso para contactar directamente con Eisenhower y proponerle una paz separada. Y hasta se ve ocupando, en el nuevo gabinete alemán que se forme, el cargo de ministro de Asuntos Exteriores. Entonces decide informar a Hitler de sus intenciones, sin duda con total buena fe. Y en un mensaje le pide que confirme la aplicación del decreto de junio de 1941 en el que le designa como su sucesor.*

DECLARADO TRAIDOR

Bormann intercepta el mensaje de Göring dentro del búnker y se dirige al encuentro de Hitler, gritando por la traición. Y

* Véase el capítulo dedicado a Hitler, pp. 58 ss.

reclama al Führer la cabeza del traidor Göring, que se dispone a dar un golpe de Estado y a pactar con el enemigo anglosajón. Speer, que acudió a saludar por última vez a Hitler antes de abandonar Berlín, asiste a la escena. El dictador, incapaz de dominar su cólera, colma de insultos a Göring, cada uno más duro que el anterior. Para concluir, calmado y lúcido, que «claro que puede negociar la capitulación, en realidad importa poco quién lo haga». Hitler redacta entonces un telegrama en el que acusa a Göring de traición y lo condena a la pena de muerte. Pero después se retracta parcialmente y consiente en no tomar medidas a condición de que dimita inmediatamente de todas sus funciones. Se le especifica que tiene que responder con una sola palabra: sí o no.

Destituido de sus funciones, privado del título de presunto heredero, expulsado del NSDAP, Göring está a merced de Bormann. Este se aprovecha de la situación para ordenar a los SS de guardia en Berghof que lo arresten junto a su Estado Mayor, su familia y el personal de servicio, y que los encierren, *manu militari*, en el sótano de Berghof. Y eso es lo que sucede. Göring y su séquito son trasladados después sin demora a un refugio antiaéreo, frío, húmedo y oscuro, donde pasan cuatro días difíciles. El 28 de abril de 1945, el clan Göring es desplazado de nuevo al castillo austriaco de Mauterndorf, donde el 1 de mayo de 1945 les llega la doble noticia del suicidio de Hitler y el nombramiento de su sucesor, Dönitz. En lugar de preocuparse por el futuro del país, Göring se contenta con derramar una lágrima por su propia suerte y su sucesión perdida precisando a su esposa Emmy: «Le fui fiel hasta el final». Y lamenta amargamente no haber podido defenderse ante Hitler.

Pero no duda de nada

Podría decirse que el desastre reinante vuelve a dar vigor a aquel hombre cuyo peso supera sin embargo los ciento cuarenta kilos. Göring está torpe, perdió agilidad e incluso parte de sus facultades. Escribe un correo al general Eisenhower en el que le propone negociaciones de «mariscal a mariscal». Eisenhower ni siquiera se toma la molestia de responderle. La capitulación de Alemania se firma con los representantes de Dönitz en Reims el 7 de mayo de 1945, y después en Berlín, la mañana del 9 de mayo siguiente.

Göring queda sujeto a la ley de los vencedores y es trasladado a Austria de castillo en fortaleza, bajo la protección del general Robert Stack. Detenido primero en el castillo de Fischhorn, más tarde es conducido a Kitzbühel y después a Augsburgo, al cuartel general del VII Ejército de Estados Unidos. El antiguo número dos del régimen nazi perdió su soberbia. De su séquito de sirvientes, ayudas de campo, miembros de la familia cercana, sin olvidar a un médico, ya no queda casi nadie. Un simple criado y un ayudante de campo lo acompañan ahora. Los americanos autorizaron a su familia y sus últimos fieles a refugiarse en el castillo de Veldenstein. Su esposa, Emmy, que siguió otro camino el 9 de mayo, cerca de Kitzbühel, será arrestada en octubre e internada antes de ser condenada a un año de prisión.

En Augsburgo, Hermann Göring recibe un trato deficiente, encerrado en una minúscula habitación mientras su ayudante de campo y su criado ocupan una dependencia común contigua. Un soldado negro estadounidense monta guardia.

Después lo trasladan a Wiesbaden, en Alemania, sin que sea objeto de mejor consideración. Es interrogado como un vulgar delincuente y se le acusa de las peores infamias. Rechaza totalmente esas acusaciones y niega haber firmado nunca una condena a muerte. Y, por supuesto, nunca escuchó hablar de los campos de concentración y de exterminio. Una mentira difícil de aceptar cuando se le pone ante los ojos la carta del 31 de julio de 1941 dirigida con su firma a Heydrich, de la que reproducimos un extracto:

> Por la presente le conmino a iniciar todos los preparativos de orden material, económico y financiero relativos a una «solución definitiva» [*Gesamtlösung*] del problema judío en aquellos territorios europeos que se encuentran bajo la influencia de Alemania [...] Le encomiendo además que me presente lo antes posible un resumen en el que se indiquen las medidas ya adoptadas con miras a la ejecución de la Solución Final [*Endlösung*] de la cuestión judía, tal como fue planeada.

Finalmente, el 22 de mayo de 1945, Göring es embarcado en un avión americano en un viaje que, piensa él, le permitirá entrevistarse con el general Eisenhower. Pero será depositado en Luxemburgo, en la estación termal de Bad Mondorf. Göring es conducido entonces al hotel Palace, convertido en una auténtica prisión con el nombre en clave de «Campo Ashcan». Se aloja en una habitación mediocre y fría, sin electricidad. Coincide allí con varios nazis del más alto rango, como Keitel y Ribbentrop. Y al día siguiente se unen a ellos los más altos jerarcas del Gobierno de Flensburg, efímera administración alemana a la que los americanos acaban de poner fin después de veintitrés días, a saber: el almirante Dönitz, Speer, Jodl, Von Krosigk.

Todos los dirigentes nazis sufren entonces las vejaciones de los registros corporales regulares más exhaustivos, la privación de alimentos y de prensa, los trabajos manuales obligatorios, los interrogatorios interminables. Göring es objeto de especial vigilancia a causa de sus múltiples responsabilidades. Lo interrogan sobre el Plan Cuatrienal, sobre la multa impuesta a los judíos al día siguiente de la Noche de los Cristales Rotos, sobre la guerra, sobre los campos de la muerte. Göring adopta una respuesta única: solo obedeció las órdenes de Hitler.. Apenas tres meses más tarde, es trasladado a Núremberg e internado en la prisión de la ciudad. En compañía de otros veintiún altos jerarcas nazis, es juzgado como criminal de guerra por el tribunal cuatripartito instaurado por los Aliados.

El comediante del proceso de Núremberg

Si Göring habla alto ahora, cuando se abre el proceso de Núremberg, ese 20 de septiembre de 1945, primer día de otoño, es porque se sometió a una cura intensiva de desintoxicación. El consumo de morfina y paracodina lo había convertido en un verdadero toxicómano, haciendo que perdiera buena parte de su vehemencia intelectual en los dos últimos años de guerra. Cuando se entera de que comparecerá ante un tribunal internacional, de forma pública, acepta un tratamiento médico. ¡Su orgullo hace el resto! Si en 1939 pesaba 127 kilos y luego había ganado peso, al menos 10 kilos adicionales, antes del proceso llega a perder 36 kilos en unos meses y vuelve a 91 kilos. Su estado psicopático no le impide recuperar una forma intelectual mucho mejor, de la que abusará durante el juicio. El antiguo *Reichsführer* se compara con Napoleón I encarcelado en la isla de Santa Elena. Y afirma que

> [S]i no puede convencer al tribunal, se ganará, al menos, la convicción del pueblo alemán. Porque todo lo que hizo, lo hizo por el Gran Reich alemán. Dentro de cincuenta o sesenta años, considera, ¡habrá estatuas de Hermann Göring en toda Alemania!

Colocados en dos hileras de bancos, los veintidós acusados están hacinados al fondo de la sala. Sentado en el extremo izquierdo de la primera fila, al lado de Rudolf Hess, Göring hace mil gracias y gestos, ríe maliciosamente de buen grado y adopta una actitud a menudo provocadora, incluso burlona, hacia los ocho jueces. En el segundo día del juicio, cuando se le pregunta si se declara culpable o no culpable, responde, en alemán, en tono altanero: «Me declaro no culpable en el sentido de la acusación». Espera de este modo adquirir un ascendiente sobre los jueces, que no se dejan afectar lo más mínimo. Cuando se obliga a los veintidós jefes nazis a ver las películas que los americanos filmaron en los campos, con imágenes insoportables, no manifiesta ninguna emoción. De hecho, sabe hasta qué punto juega esto en su descrédito: con las mandíbulas apretadas, la cabeza apoyada en el codo, evita mirar la pantalla. No se descompone ante las múltiples acusaciones del juez estadounidense Ralph Albrecht, en relación con su responsabilidad en la deportación de las poblaciones de los territorios ocupados y en el exterminio de los judíos. Se atreve incluso a declarar que nunca planificó la muerte de los judíos y que nunca firmó otra cosa que decretos de evacuación hacia zonas consideradas más seguras para su salud y su seguridad. Certifica que siempre se opuso a la guerra y afirma que libró a muchos judíos de las amenazas de la Gestapo. Cuando el mariscal Friedrich Paulus, vencido en Stalingrado, al que se trasladó en secreto desde Moscú bajo el seudónimo de «Satrap», declara como testigo de cargo en Núremberg contra el régimen nazi y acusa a Keitel, Jodl y Göring de haber lanzado una guerra de conquista y destrucción contra la URSS, los abogados de la defensa no saben qué responder. Pero Göring se niega a callar y declara: «¡Pregunte a ese cerdo asqueroso si sabe que es un traidor!». En cambio, se queda atónito cuando su viejo cómplice, el *Generaloberst* (coronel general) Bruno Loerzer, antiguo aviador de la Primera Guerra Mundial, jefe de las fuerzas aéreas en Ucrania y después contra Malta durante el segundo conflicto mundial, lo abandona declarando en su contra.

Los americanos deciden separar a Göring del resto de detenidos para evitar cualquier incidente. Almuerza y efectúa solo su paseo diario. Y debe comprobar que todo lo que adora le falta: su esposa (encarcelada en octubre), su hija, el prestigio, los honores, las medallas (ha recibido cerca de ciento veinte) y, por supuesto, las partidas de caza y la contemplación de sus queridas obras de arte. Además, ninguno de los demás acusados respeta al viejo decrépito en que se convirtió. Esto le causa una tristeza cierta. Aun así, no pierde la palabra. Ante los jueces, eludiendo la realidad del proceso, se esfuerza en subrayar los peligros de una actualidad ya marcada por los albores de la Guerra Fría. Y quiere demostrarles que una guerra contra la URSS es inevitable, y que por tanto hay que favorecer un renacimiento de Alemania. Con el psiquiatra que lo interroga, Goldensohn, habla de su relación con el Führer y asegura que no le guarda rencor por su reacción con respecto a él. Si hubiera podido hablar con él a solas en el búnker, habría cambiado la historia. En otras palabras, convirtiéndose en su sucesor oficial, Göring lo habría hecho infinitamente mejor que Dönitz... para Alemania.

El veredicto: pena de muerte

Se acerca la hora de la verdad para el criminal que ha sido desde hace casi dos decenios. Hay que leer el retrato cruel e irrisorio que de él hace públicamente Schacht, el que fuera máximo dirigente de la economía alemana y del Reichsbank (que será absuelto), del que no cabría cambiar ninguna palabra. Dice así:

> Describí a Hitler como un personaje amoral. Pero solo puedo considerar a Göring como un ser inmoral y criminal. Dotado de cierta bonhomía natural que sabe utilizar para hacerse popular, es el individuo más egocéntrico que pueda imaginarse. El poder político no era más que un medio de enriquecerse personalmente y llevar una vida personal agradable. El éxito de los demás lo llenaba de envidia. Su codicia no conocía límites. Su predilección por las piedras preciosas, el oro, las joyas era inimaginable. Ignoraba la camaradería. Solo trataba a alguien como amigo en la medida en que le era útil, pero eso también era superficial.
>
> Su comportamiento era tan teatral que solo se le podía comparar con Nerón. Una persona que tomó el té con su segunda mujer informó que él apareció ataviado con una suerte de toga romana y sandalias adornadas con joyas, los dedos cubiertos de

innumerables anillos y reluciente de pedrería de la cabeza a los pies. Llevaba la cara maquillada y los labios pintados.

Göring es declarado culpable de los cuatro cargos y es condenado a morir ahorcado. Después de haber escuchado la sentencia, permanece en silencio y finge indiferencia. Y, de vuelta en su celda, agarra un libro y se sumerge en él. La cura de adelgazamiento acelerado produjo de todos modos sus efectos. La tez de Göring está lívida y se niega tanto a lamentarse como a morir ahorcado como un vulgar delincuente. ¡A un gran militar como él deberían haberlo condenado a morir fusilado!

Sus últimos quince días

Se acerca la noche fatal de su ejecución en la horca. Desde el final del juicio de Núremberg, los once condenados a la pena capital fueron trasladados a la planta baja, al corredor de la muerte. Durante quince días son vigilados constantemente y no tienen acceso a las regaderas ni a los paseos. Los presos son registrados e inspeccionados con frecuencia. En su celda número 5, Göring es observado sin cesar por un centinela a través de una mirilla, mientras que una luz fuerte procedente de un proyector ilumina su cama toda la noche. Y tiene que dormir boca arriba, con las manos bien visibles sobre las mantas.

Ese 16 de octubre de 1946, Göring espera la muerte derrumbado en su cama. Está previsto que se lea la sentencia a los once condenados una hora antes de su ejecución.

Hacia las 23:00 el coronel Andrus, jefe del servicio de seguridad, descubre que Göring se suicidó en su celda. La noticia se extiende inmediatamente por la prisión.

Göring no oculta, como lo demuestran las tres cartas que se encuentran en sus manos, que tenía intención de elegir su muerte. Así puede leerse en su último correo dirigido al Consejo de Control aliado, donde escribe: «Sabía desde el principio que sería condenado a muerte, pues consideraba el juicio como un acto puramente político impuesto por los vencedores».

Personaje caprichoso, que se considera sin par, quiso decidir sobre su muerte e irse con una proeza. Y se suicida rompiendo en su boca una cápsula de cristal llena de cianuro, unos 120 minutos antes de la hora prevista para su ahorcamiento. Son aproximadamente las 22:30 del 15 de octubre de 1946 cuando se quita la vida.

Los otros diez condenados no escaparán a su destino. Uno tras otro, Ribbentrop, Keitel, Jodl, Kaltenbrunner, Sauckel, Streicher, Rosenberg, Frank, Seyss-Inquart y Frick entran de noche en el gimnasio contiguo donde se han erigido tres horcas sobre tres cadalsos negros. La primera ejecución, la del exministro de Asuntos Exteriores, comienza a la 1:14 del 16 de octubre de 1946. Dos horas más tarde, todo terminó.

El soldado americano Herbert Lee Stivers es sin duda el culpable

En una entrevista publicada en *Los Angeles Times* el 7 de febrero de 2005, Herbert Lee Stivers, enfermo y ya con setenta y ocho años, alivia su conciencia. Lo hace después de cincuenta y nueve años de silencio absoluto, ante la petición insistente de su hija y después de haber obtenido garantías de que no se incoará ningún procedimiento en su contra. Además, está cubierto por la prescripción, y él lo sabe. Stivers es ahora un pacífico jubilado retirado en el sur de California. Pero era soldado y guardia en el proceso de Núremberg entre 1945-1946. Y fue él, lo reconoce, quien proporcionó al antiguo *Reichsführer* la cápsula de cianuro que le permitió poner fin a sus días, el 15 de octubre de 1946, dos horas de la hora teórica de su ahorcamiento.

¿Cómo se desarrollaron los hechos? No todo está absolutamente claro, pero no hay ningún historiador que hoy pueda cuestionar la veracidad del relato de Stivers. Se confesó antes de morir, sin manifestar ningún sentimiento personal y sin recibir ninguna remuneración. Durante el proceso, en el recinto del tribunal, los guardias podían entrar en contacto con los presos que tenían a su cargo, trasladarles documentos escritos o pequeños objetos, hablar con ellos, darles un apretón de manos, incluso pedirles autógrafos. Stivers, que era guardia por aquellas fechas, en el proceso, afirma que mantuvo numerosas conversaciones con Göring. Lo encuentra muy agradable y habla un excelente inglés. Este fallo en el dispositivo de vigilancia comienza a propagarse fuera de la sala de audiencias. Entonces una joven alemana, que dice llamarse Mona, seduce al joven americano de diecinueve años. Ella también es manipulada y probablemente remunerada por dos hombres, Erich y Mathias (solo se conocen sus nombres de pila, sin duda falsos), sin duda antiguos nazis pertenecientes al círculo de amistades de Göring. Mona convence fácilmente a su joven enamorado de que se entreviste con ellos. Piden a Stivers un servicio bastante sencillo: entregar unas notas y una pluma a Göring. Y explican que esa pluma contiene un medicamento encapsulado que el *Reichsmarschall* necesita para el cuidado de una enfermedad muy grave que le aqueja y que los Aliados no tratan. El joven, deseoso de satisfacer a su amante, presta ese servicio sin pensar que comete un delito. ¡Ah, si Mona no hubiera tenido unos ojos tan bonitos! Stivers está muy lejos de imaginar que va a hacer llegar de ese modo a Göring una cápsula de cianuro. No se sabe exactamente cuándo llegó la pluma a Göring, sin duda muy tardíamente, pues las investigaciones efectuadas en la celda del preso son frecuentes. Sin duda la oculta bajo su manta la noche del 15 de octubre de 1946, antes de morder la cápsula de cristal que extrae con facilidad del cuerpo de la pluma, escondiendo su cabeza durante un breve instante bajo la manta.

Poco después de su muerte, su cuerpo es incinerado y sus cenizas dispersadas en un afluente del Danubio, el Isar. De este modo nadie podrá acudir a recogerse ante su tumba y mantener una veneración especial.

En una de las cartas que deja con destino a los Aliados, Göring se posiciona ante la historia, en un último giro inesperado, justificando su decisión de suicidarse.

> ¡Los habría dejado fusilarme sin problemas! ¡Pero es imposible colgar al *Reichsmarschall* alemán! Por el honor de Alemania, no puedo permitirlo. Además, no tengo ninguna obligación moral de someterme a la justicia de mis enemigos. Por tanto, elegí la muerte del gran Aníbal.

Efectivamente, el cartaginés se quitó la vida absorbiendo veneno oculto en un anillo para evitar ser entregado a los romanos. Pero este es el único punto de convergencia entre los dos hombres.

Conclusión

La cuestión central que cabe plantearse es la del nivel de desnazificación del Estado. En efecto, 200 dirigentes nazis fueron juzgados y en parte condenados (24 de ellos a muerte) en los trece procesos de Núremberg, y es cierto que numerosos juicios se celebraron en las tres zonas occidentales hasta 1949, y es igualmente cierto, por último, que a partir de 1950 la RFA se hizo cargo de lo esencial de las acciones judiciales, aunque sin dictar condenas a muerte. En total, se impusieron 5 000 condenas en las tres zonas de ocupación, 800 de ellas a muerte, de las cuales solo se ejecutaron 480. En la RFA se dictaron 6 522 condenas entre 1949 y 2005. A este total hay que sumar las condenas de nazis alemanes en los países donde se cometieron sus excesos, principalmente Francia, Italia, Bélgica, Países Bajos, Polonia, Checoslovaquia, Hungría, Noruega y Dinamarca. En Francia, por ejemplo, se dictaron 800 condenas a muerte, de las que se ejecutaron unas cincuenta.

En total, fuera de la zona soviética, el número de condenados a muerte nazis que fueron ahorcados o fusilados no superó los 600-650. Y el número total de condenas judiciales dictadas en el territorio de Alemania Occidental se establecieron en 11 500 de 1945 a 2005.

Es cierto que al menos doscientos dirigentes de alto nivel se quitaron la vida, también muchas mujeres alemanas, para evitar las violaciones, como igualmente lo hicieron otros muchos, desde guardianes de campos hasta tripulantes de submarinos, desde médicos criminales a miembros de las SS. En total fueron unas decenas de miles de personas, a las que hay que sumar varias decenas de miles de nazis (pero también de demócratas) en la zona de ocupación rusa y después en la RDA, condenadas efectivamente a muerte y fusiladas, pero sobre todo fallecidas por hambre y malos tratos en los campos de internamiento.

¿Desnazificación en Alemania?

La mayor parte de la población alemana no es objeto de sanción alguna, aunque sirvió en su inmensa mayoría al nazismo. Y las políticas de desnazificación de las administraciones resultan un fracaso. Hay que hacer avanzar a un país al que le faltan brazos después de haber soportado la amputación de más de seis millones de muertos.

Así, en el Ministerio de Justicia de la RFA, diecisiete de los treinta y cuatro jefes de servicio continúan en sus puestos. Y el 80% de los jueces y magistrados nombrados han servido al Tercer Reich. Aproximadamente ciento veinte jueces del Tribunal del Pueblo, el más criminal de todos, continúan su carrera.

En cuanto a los grandes directivos de los grupos industriales que sostuvieron el esfuerzo de guerra alemán y emplearon a millones de internados y prisioneros en condiciones dramáticas, a pesar del proceso colectivo que se les incoó, salieron del paso sin grandes consecuencias. Algunos ejemplos bastarán para convencer. Alfried Krupp, condenado a doce años de reclusión, queda en libertad al cabo de tres años. Y recupera sus bienes. Friedrich Flick solo cumple tres años de prisión de una condena de siete y reconstruye su fortuna. Los dirigentes de la IG Farben, Carl Krauch, Hermann Schmitz, Friedrich Jähne y Fritz ter Meer, vuelven a ocupar puestos de prestigio. Los dos últimos serán los presidentes de Hoechst y Bayer, respectivamente.

ALGUNAS BRILLANTES RECONVERSIONES

Y nazis muy conocidos incluso vuelven a hacer carrera política. El ejemplo más emblemático es el de Kurt Georg Kiesinger, apodado en la época del Reich «el Goebbels del extranjero» porque se ocupaba de Propaganda en el extranjero. Será elegido canciller federal en 1966. Fue denunciado por Beate Klarsfeld, incluso abofeteado por ella en 1968. ¿Y qué decir de Werner Best, adjunto de Heydrich, que llega a líder del partido liberal FPD, o de Ernst Achenbach, número dos en la embajada del Reich en París, elegido diputado? También en este caso, Beate Klarsfeld lo denuncia cuando acaba de ser nombrado representante oficial de su país ante la Comisión Europea en 1970. En cuanto a Naumann, exsecretario de Estado de Propaganda, se atreve a reconstruir el partido nazi en la RFA en 1952. También podemos citar a Heinrich Lübke, que diseñó los planos de los barracones de los campos de la muerte, elegido presidente de la República en 1959 y reelegido en 1964. De todos modos, tiene que dimitir unos meses antes de concluir su mandato debido a las revelaciones sobre su pasado. Y acabaremos esta dolorosa enumeración recordando a Kurt Waldheim, austriaco (como Hitler), elegido sucesivamente secretario general de las Naciones Unidas de 1972 a 1981 y presidente de su país de 1986 a 1992. Logra mantenerse a pesar de las revelaciones sobre su papel de oficial de inteligencia en la Wehrmacht, en la lucha contra los partisanos y la población, tanto en Montenegro como en Macedonia.

Pero hemos guardado para el final el más escandaloso: Hans Globke, exnazi, gran ejecutor de las leyes raciales, convertido en confidente del presidente Adenauer y después en consejero de Seguridad Nacional y director de la Cancillería federal. Fue él quien creó el BND, el Servicio Federal de Inteligencia de Alemania Occidental, basándose en la «red Gehlen». Reinhard Gehlen es un exnazi, antiguo jefe de los servicios de información sobre los ejércitos extranjeros en el este. En plena cooperación con los servicios de la OSS (Office of Strategic Services) de Estados Unidos, mantendrá en los países del este europeo a trescientos cincuenta agentes exnazis.

Hay que decir que los americanos (operación Paperclip) y los rusos llevaron a cabo una caza paralela y en competencia de científicos alemanes. Un total de entre seis mil y ocho mil se ven afectados y son trasladados con sus familias a uno de los dos países. Con prioridades: para los americanos, los especialistas en cohetes y misiles, en balística, en armas secretas; para los rusos, los investigadores en el campo atómico. Pero muchos médicos nazis que hicieron experimentos con seres humanos salen adelante al ser contratados en Estados Unidos, al igual que los inventores del Zyklon B, con el que se gaseó a millones de judíos y gitanos. Y de ese modo esta chusma erudita se libra de cualquier castigo.

Los peores nazis logran eludir toda justicia

Son muchos los nazis que escaparon a toda justicia. De inmediato se crearon varias redes eficaces para sacar a las personalidades más criminales y por tanto las más buscadas. Existen dos grandes redes, una hacia América Latina (Argentina, Paraguay, Brasil y Chile) y otra hacia Oriente Medio (Siria y Egipto). Los exnazis se benefician de múltiples apoyos, sobre todo de la CIA estadounidense pero también de la Cruz Roja y el Vaticano (recordemos al famoso obispo Alois Hudal).

La red Odessa, creada por el aventurero nazi Skorzeny (el mismo que secuestró a Mussolini en el Gran Sasso) y Naujocks (el hombre que provocó la guerra contra Polonia en 1939), resulta eficaz y permitirá que grandes criminales nazis se pongan a salvo. Nos abstendremos de citarlos a todos, y solo mencionaremos a los mejor identificados: Alois Brunner (el responsable del campo de Drancy), muerto en Damasco; Gustav Wagner (el hombre del «programa de Eutanasia», Aktion T4), muerto en São Paulo; Erich Priebke (el asesino de las Fosas Ardeatinas), que pasa cincuenta años en Argentina antes de ser atrapado y morir centenario en Roma; Eduard Roschmann (el asesino del gueto de Riga), fallecido en Asunción, Paraguay; Josef Mengele (el médico criminal), muerto en Brasil; Walter Rauff (el creador de los «camiones de la muerte», o cámaras de gas móviles, en el este), nacionalizado sirio y después chileno. Es verdad que Adolf Eichmann, refugiado durante algún tiempo en Argentina, y Klaus Barbie, secuestrado en Bolivia, acabaron pagando por sus crímenes.

Bibliografía

General

Beevor, Antony, *Berlín. La caída*, Crítica, Barcelona, 2002.

Best, Werner, *Portraits de nazis*, Perrin, 2015.

Biddiscombe, Perry Alexander, «Dangerous Liaisons: The Anti-Fraternization Movement in the US Ocupation Zones of Germany and Austria, 1945-1948», *Journal of Social History*, vol. 31, núm. 3, George Mason University Press, 2001.

Brézet, François-Emmanuel, *Dönitz*, Perrin, 2011.

Broszak, Martin, *L'État hitlérien: l'origen et les évolutions du IIIe Reich*, Fayard, 1985.

Crasnianski, Tania, *Hijos de nazis*, La Esfera de los Libros, Madrid, 2017.

Delarue, Jacques, *Histoire de la Gestapo*, Fayard, 1962.

Dönitz, Karl, *10 ans et 20 jours*, Plon, 1959.

Evans, Richard J., *Le IIIe Reich*, vols. 1, 2 y 3, Flammarion, 2009.

Fest, Joachim, *Albert Speer, le confident de Hitler*, Perrin, 2001.

—, *Les Maîtres du IIIe Reich*, Grasset, 2008.

Gebhardt, Miriam, *Als die Soldaden kamen: Die Vergewaltigung deutscher Frauen am Ende des Zweiten Weltkriegs*, Pantheon Verlag, 2016.

Goldensohn, Leon, *Les entretiens de Nuremberg*, Flammarion, 2005.

Helm, Sarah, *Si c'est une femme*, Calmann-Lévy, 2016.

Hillers, Marta, *Une femme à Berlín*, Gallimard, col. Témoins, 2006.

Höhne, Heinz, *L'Ordre noir, histoire de la SS*, Casterman, 1968.

Huber, Florian, *Kind, versprich mir, dass du dich erschiesst. Der Untergang der kleinen Leute*, Berlín Verlag, 2015.

Jacobs, Ingeborg, *Freiwild. Das Schicksal Deutscher Frauen 1945*, Verlag Ullstein, 2009.

Joanin-Llobet, Laure, *Les 7 de Spandau, les secrets révélés des derniers criminels nazis*, Oh! Éditions, 2008.

Klarsfeld, Beate y Serge, Clarke, Isabelle y Costelle, Daniel, *La Traque des nazis de 1945 à nos jours*, Acropole, 2010.

Lattre de Tassigny, Jean de, *Histoire de la première armée française*, Plon, 1949.

Lebert, Norbert y Stephan, *Tú llevas mi nombre*, Planeta, Barcelona, 2005.

Lilly, J. Robert, *La Face cachée des GI's*, Payot, 2003.

Lüdde-Neurath, Walter, *Les derniers jours du IIIe Reich*, Berger-Levrault, 1950.

Naimark, Norman, *The Russians in Germany*, Harvard University Press, 1995.

Rosenberg, Alfred, *Le mythe du XXe siècle*, Vettaz Edition Ltd., 2021.

Schultz-Naumann, Joachim, *Mecklenburg 1945*, Universitas, 1990.

Shirer William L., *Le Troisième Reich*, vols. 1 y 2, Stock, 1959.

Valode, Philippe, *Karl Dönitz, successeur de Hitler pendant 23 jours*, Éditions du Rocher, 2021.

ROMMEL

Lemay, Benoît, *Erwin Rommel*, Perrin, 2009.

Lormier, Dominique, *Rommel, la fin d'un mythe*, Le Cherche midi, 2003.

Maurès, Didier, *Erwin Rommel*, Presses de la Cité, 1968.

Mordal, Jacques, *Le destin fabuleux du mariscal Rommel*, 2 vols., Historama, 1973.

Rommel, Erwin, *La guerre sans haine*, 2 vols. (1953), Nouveau Monde Éditions, 2012.
Scheck, Raffael, *Une saison noire. Les massacres de tirailleurs sénégalais, mai-juin 1940*, Tallandier, 2007.

Hitler

Brissaud, André, *Hitler et l'Ordre noir*, Perrin, 1969.
Kershaw, Ian, *Hitler*, vols. 1 y 2, Península, Barcelona, 1999 y 2000.
—, *El final. Alemania 1944-1945*, Crítica, Barcelona, 2012.
Masson, Philippe, *Hitler chef de guerre*, Perrin, 2005.
Rees, Laurence, *Adolf Hitler, la séduction du diable*, Le Livre de poche, 2014.
Röhrs, Hans-Dietrich Dr., *Hitler, l'autodestruction d'une personnalité*, La Table ronde, 1967.
Valode, Philippe, *Hitler et les sociétés secrètes*, Nouveau Monde Éditions, 2009.
Valode, Philippe y Arnaut Robert, *Les dossiers oubliés de la Seconde Guerre mondiale*, 2 tomos, First-Gründ, 2012 y 2013.

Goebbels

Longerich, Peter, *Goebbels*, Éditions Héloïse d'Ormesson, 2013.
Reimann, Victor, *Goebbels*, Doubleday & Co, 1976.
Richard, Lionel, *Goebbels: portrait d'un manipulateur*, André Versaille, Bruselas, 2008; Archipoche, 2022.
Riess, Curt, *Goebbels*, Arthème Fayard, 1956.

Himmler

Calic, Édouard, *Himmler et l'empire SS*, Nouveau Monde Éditions, 2009.
Calic, Édouard, *Heydrich, l'homme-clé du IIIe Reich*, Nouveau Monde Éditions, 2010.

Longerich, Peter, *Himmler*, Éditions Héloïse d'Ormesson, 2010.
Speer, Albert, *L'Empire SS*, Robert Laffont, 1985.
—, *Journal de Spandau*, Robert Laffont, 1975.

HESS

Allen, Martin, *L'Étrange Voyage de Rudolf Hess, mai 1941: le secret le mieux gardé des services de renseignement britanniques*, Plon, 2005.
Jacobsen, Hans-Adolf, *Karl Haushofer, Leben und Werk*, Harald Boldt Verlag, Boppard am Rhein, 1979.
Leasor, James, *Rudolf Hess: The Uninvited Envoy*, Allen & Unwin, Londres, 1962.
Padfield, Peter, *Hess: The Führer Disciple*, Cassell, Londres, 2001.

GÖRING

Frischauer, Willi, *The Rise and Fall of Hermann Goering*, Ballantine Books, Nueva York, 1960.
Kersaudy, François, *Hermann Goering*, Perrin, 2009.
Manvell, Roger y Fraenkel Heinrich, *Hermann Goering*, Stock, 1963.
Overy, R. J., *Goering: the Iron man*, Routledge Kegan & Paul, Londres, 1984.